CORPORIS IURIS CIVILIS IUSTINIANI
FRAGMENTA SELECTA

优士丁尼国法大全选译

第 1 卷

法的一般规范 I

〔意〕桑德罗·斯奇巴尼 选编

徐国栋 译

〔意〕阿尔多·贝特鲁奇　朱赛佩·德拉奇纳 校

商务印书馆
创于1897　The Commercial Press

Corporis Iuris Civilis Iustiniani

Fragmenta Selecta

I

DE DIVERSIS GENERALIBUS REGULIS IURIS (pars prima)

《优士丁尼国法大全选译　第 1 卷　法的一般规范 I》

NORME GENERALI DEL DIRITTO 1

Traduzione in cinese con latino a fronte

Selezione di testi

a cura di Prof. Sandro Schipani

con la collaborazione di Prof. Aldo Petrucci e Dott. Giuseppe Terracina

traduzione di Xu Guodong

Volume stampato con la collaborazione di

OSSERVATORIO SULLA CODIFICAZIONE E SULLA FORMAZIONE
DEL GIURISTA IN CINA NEL QUADRO DEL SISTEMA GIURIDICO
ROMANISTICO

Università degli Studi di Roma "Tor Vergata"

"Sapienza" Università di Roma

Dipartimento Identità Culturale del CNR

Università Della Cina di Scienze Politiche e Giurisprudenza (CUPL)

E

CENTRO DI STUDI DUL DIRITTO ROMANO E ITALIANO

Università della Cina di Scienze Politiche e Giurisprudenza (CUPL)

优士丁尼国法大全选译
总　　序

　　我国法律人了解罗马法的方式，可以说基本上以20世纪80年代末为界。在此之前，我国法律人主要通过现代人撰写的教科书来获取罗马法的知识信息。在此之后，由于有了罗马法原始文献的中译本，例如，将《学说汇纂》(*Digesta*)与《优士丁尼法典》(*Codex Iustinianus*)的相关内容按照特定主题编辑的中文选译本、《法学阶梯》(*Institutiones*)中文全译本、《学说汇纂》单卷本的中文全译本等，我国法律人得以通过阅读罗马法原始文献来认识罗马法。这些中文译本中，大部分内容是从罗马法原始文献的原始文字拉丁文直接译为中文的。较之那些以其他语种为介质的罗马法原始文献的译文，这些直接从拉丁文翻译过来的中文译本，在译文精准度方面，自始便具有不可低估的优势。

　　各位读者或许已经注意到，这套丛书的译者共七人；已经部分问世的单卷本《学说汇纂》的译者团队更是由二十余位年轻的中国法律人组成。饮水不忘挖井人，这一切要感谢中国著名法学家江平教授和意大利著名罗马法学家桑德罗·斯奇巴尼(Sandro Schipani)

总　序

教授。正是因为他们的睿智决策和精心组织，我国才得以形成一支对罗马法和意大利现代法颇有研究的人才队伍。

1988 年春季，任教于中国政法大学的黄风老师应邀赴意大利博洛尼亚大学进行学术访问。能够流利地用意大利语讲授中国法律的黄风立刻成为了博洛尼亚大学法学院的一道亮丽的风景线。正在积极寻找机会与中国法学界建立合作关系的意大利国家研究委员会下属的"罗马法传播研究组"（Gruppo di ricerca sulla diffuslone del diritto romano）负责人皮埃兰杰罗·卡塔拉诺（Pierangelo Catalano）教授和桑德罗·斯奇巴尼教授闻讯找到了黄风，希望他利用娴熟的意大利语致力于罗马法研究和有关项目的合作。当时，这两位意大利的罗马法学教授已然是闻名于意大利乃至欧洲和拉美国家的著名罗马法学家。他们对罗马法的深刻思考、对现代社会的罗马法继受的精辟见解、对中国研究罗马法的重要作用的睿智分析，以及他们对意大利与中国在罗马法领域合作的可行性分析、对落实路径的思考和所提出的能够立即付诸实践的工作计划，深深感染了黄风。当两位意大利教授在黄风有关中国研究罗马法的情况介绍中了解到，中国政法大学的江平教授已经在该大学讲授罗马法课程八年有余，便立即通过黄风向江平教授发出了访问意大利罗马第二大学和意大利国家研究委员会的邀请。

1989 年春季，时任中国政法大学校长的著名法学家江平教授应邀在意大利国家研究委员会向来自意大利十余所大学的数十位法学教授发表演讲。时任意大利共和国总统科西加（F. Cossiga）先生为此专门发来贺电："中国政法大学校长江平教授所做的报告不仅对意大利国家研究委员会的罗马法传播项目很重要，而且更重

要的是，其清晰地确认了罗马法在不同文化及其发展中的贡献。罗马法的成果系一千余年发展的结晶。其产生于奎利蒂法中较窄的领域，后被拓展至上个世纪的现代法典化中。罗马法不仅是一个始终存在且稳定的法律规则、法律制度和法学方法的共存体，而且在人的自由性、国家的非宗教性、个人的责任性、意愿的自治性、公众的代表性、平等主体间的团体性等一些基本原则的基础上，形成了各个国家之间无差别的当代文明。正是基于罗马法的严谨逻辑和合乎逻辑的推理，在许多国家中，就个人之间和人民之间不应当用暴力方式破坏构建在法律基础上的共同文明这一基本原则都达成了共识。我非常荣幸地向这样一位尊敬的演讲者致以热烈的欢迎，并向会议的全体出席者致以问候。"江平教授的演讲和科西加总统的贺词当年全文刊登于意大利著名学术刊物《启示者》（*Index*）上。

在访问期间，江平教授应邀与"罗马法传播研究组"的教授们及意大利罗马第二大学的罗马法学教授们进行了座谈，就启动中国与意大利法学界之间的罗马法研究、罗马法原始文献翻译和法学人才培养等项目进行了深入交流，并形成了合作意向，其中就法学人才培养达成的共识是：罗马法的翻译与研究工作的实施前提是法学人才的培养；中国政法大学与意大利罗马第二大学共同缔结人才培养、学术交流等多领域合作协议。故而，江平教授代表中国政法大学与意大利罗马第二大学签署了两校间的合作协议。根据该协议，中国政法大学需要尽快派出至少四名合适人选前往意大利学习罗马法并开始原始文献的翻译工作，留学期间的奖学金由意大利方面提供。

总　序

　　1990 年至 2004 年，在中意两国政府和中国政法大学、意大利罗马第二大学等机构的支持下，黄风、丁玫、范怀俊、徐国栋、张礼洪、薛军、刘家安、罗智敏等人和我先后赴意大利学习法律，尤其是罗马法。该期间派出的人员的特点是：一、绝大多数人是高校年轻教师；二、绝大多数人在本科和研究生阶段接受过法学的严格训练；三、绝大多数人在去意大利留学之前仅接受过 8 个月左右的意大利语短期培训。上述全体年轻学子在意大利学习期间均十分刻苦、努力，因此都顺利地完成了在意大利的学习计划。

　　以在罗马第二大学学习罗马法的年轻学者为例，他们在意大利留学期间主要有两个任务：

　　一、在罗马第一大学法学院罗马法研究所举办的罗马法高级研究班里系统地学习罗马法。罗马第一大学法学院的罗马法研究所设立于 1888 年，是欧洲享有盛誉的学术机构。那里有藏书极为丰富的罗马法图书馆，许多著名的欧洲法学家都在那里学习或者讲学。在该研究所的图书馆里有一张桌子，那是德国著名的罗马法学和罗马史学家蒙森（Christian Matthias Theodor Mommsen，1817—1903）在该研究所讲学及开展研究活动时经常使用的。这张桌子被作为纪念物放在图书馆一进门醒目的地方，桌子的上方悬挂着蒙森的肖像。该研究班的学生主要来自于欧盟成员国和拉美国家，其中相当一些人是在本国讲授罗马法的青年教师。给罗马法高级研究班授课的都是在罗马第一大学任教的意大利甚至欧洲最著名的罗马法学家，例如，皮埃兰杰罗·卡塔拉诺、马里奥·塔拉曼卡（Mario Talamanca）、菲利恰诺·赛拉奥（Feliciano Serrao）、朱利亚诺·克里佛（Giuliano Crifò）、安东尼·马西（Antonio Massi）、马里

奥·马扎（Mario Mazza）、路易吉·卡波格罗西（Luigi Capogrossi）等学者。在研究班学习结束前，要写一篇至少 30 页的关于罗马法中某一个专题的学术文章。

二、在提高意大利语水平和拉丁文水平的同时，确定一个翻译选题，就该选题进行深入的学习和研究，并且在此基础上进行罗马法原始文献中相关内容的翻译。这是一个极为艰难的任务，但是这些年轻学者们以惊人的毅力、出众的能力将翻译成果呈现在人们面前，除本丛书外，还有包括意大利法学家彼得罗·彭梵得（Pietro Bonfante）的《罗马法教科书》（*Istituzioni Di Diritto Romano*）和朱赛佩·格罗索（Giuseppe Grosso）的《罗马法史》（*Storia Dei Diritto Romano*）在内的罗马法教科书系列翻译，以及意大利现代法的法典和著作的翻译，例如《意大利刑法典》《意大利刑诉法典》《意大利军事法典》《意大利民法典》等。

自 2005 年起，在中国国家留学基金委员会、意大利罗马第二大学、博洛尼亚大学、罗马第一大学、比萨圣安娜高等师范大学等机构的大力支持下，尤其在桑德罗·斯奇巴尼教授的帮助下，更多的中国年轻学子前往意大利学习罗马法和意大利现代法，这使得罗马法原始文献的翻译力量进一步得到强化。

从 1990 年至 2021 年的三十余年内，据不完全统计，我国先后派出一百二十余名年轻学子在意大利至少十所大学的法学院以进修和攻读学位的方式进行学习，其中至少有七十六人攻读了法学博士学位。他们的研究领域覆盖了法学的诸多学科方向，例如，罗马私法、罗马公法、现代私法、国际法、知识产权法、刑法、人权法、欧盟法、税法、中世纪法、人权法、法与经济学等。这些研究在全

总　序

球视野下可能仅仅是一小步，但是就我国而言，则是扎扎实实的一大步。这些在罗马私法、罗马公法、现代法学与中世纪法史等领域的深入研究对进一步推进我国法学理论研究及指导司法实践可谓意义重大。尤其是这些法学人才的出现，对于我国法学事业的发展、我国罗马法原始文献翻译与研究的推进及中国与意大利的法学交流，可谓弥足珍贵。

这套丛书是由按照一定主题从浩瀚的罗马法原始文献中摘选出的相关资料所构成。丛书初版名为"民法大全选译"，由中国政法大学出版社于1993年起陆续出版。部分分册又曾以"罗马法民法大全翻译系列"为题，由中国政法大学出版第二版。此次由商务印书馆再版，依照斯奇巴尼教授的编排方案，将丛书调整为8卷，分别是：第1卷《法的一般规范》（I，II）；第2卷《物与物权》；第3卷《债　契约之债和准契约之债》；第4卷《有悖于人的尊严的违法行为》；第5卷《婚姻与家庭》；第6卷《遗产继承》；第7卷《违法行为的民事责任与刑事责任》；第8卷《社会的各种组织形态》。其中，第4卷和第7卷是新增加的内容，其余各卷涵盖了旧版的各册内容。旧版的各册信息和做此调整的想法及依据，分别在阿尔多·贝特鲁奇（Aldo Petrucci）和桑德罗·斯奇巴尼两位教授的序中有所介绍，此不赘述。

这套丛书的选编者为意大利罗马法学家桑德罗·斯奇巴尼教授和阿尔多·贝特鲁奇教授，尤其是斯奇巴尼教授，他对这套丛书的选编付出了巨大心血。丛书的翻译工作得到了阿尔多·贝特鲁奇教授和朱赛佩·德拉奇纳（Giuseppe Terracina，中文名：纪蔚民）博士的巨大帮助。在贝特鲁奇教授的序中，对此有详细的描述。

总　序

　　这套丛书的翻译者为黄风教授、丁玫教授、徐国栋教授、米健教授、张礼洪教授、范怀俊律师及我本人。作为罗马法原始文献之精华摘要，该丛书由译者们以自己辛勤的汗水和青春年华所孕育，并且已经成为中国法治之树不可或缺的营养基础的一部分。这套丛书的再问世得益于商务印书馆学术出版中心的鼎力支持。在这里，我们译者团队特向这套丛书的选编者、对翻译和校对工作提供帮助的人及编辑致以崇高的敬意。

费安玲

2022 年 1 月 26 日于京城静思斋

桑德罗·斯奇巴尼教授序

一、引言

30 年前，我们共同开始了优士丁尼《国法大全》（*Corpus Iuris Civilis*）原始文献的选译工作。如今，"优士丁尼国法大全选译"丛书在《中华人民共和国民法典》（以下简称《民法典》）生效后又以统一方式再版。这是中意法学家们在当今时代找到了合作发展的机遇的重要见证，也是该合作得以持续发展的新起点。

首先，我要感谢中意法典化和法学人才培养研究中心中方负责人、中国政法大学中意法与罗马法研究所所长费安玲教授为这个新版本提出的建议，并感谢商务印书馆敏锐地看到这套丛书的重要性并将其纳入于出版计划中。

本丛书的初版在中国政法大学出版社出版时（以下简称"法大版"），我为其中的每一册撰写了简短的评论式的"说明"。我很高兴地看到，这些"说明"[①] 也将一并重新出版。事实上，我在"说

[①]　法大版的部分分册再版时，将"说明"改作"序"。因此，本丛书中以法大版再版后的版本为基础修订出版的各卷，仍沿用"序"，并注明了版本年份，写作"××年版序"。这一部分亦即这里谈到的"说明"。——编者

明"中简要评论了罗马法学家们的文本提到的一些问题。今天，中国学者所著的罗马法教材越来越多，其中有些还明确提到了古代渊源。因此，我的"说明"有助于他们教材撰写的有效完成。此外，我正在协调《学说汇纂》50卷单卷本的翻译工作，这将使读者们能够完整地在《学说汇纂》中找到其感兴趣的见解。我不仅给法大版的各分册均撰写了"说明"，而且除其中两册外，均附有波蒂尔（Pothier，1699—1772）在其《新编学说汇纂》（也称《新学说汇纂范畴内的潘德克吞体系》）（*Pandectae in Novum ordinem digestae*，1748—1752）中提出的解读指引①。

商务印书馆的再版遵循了《学说汇纂》的编序和题目，仅对每个题目下的片段调整了新的顺序（其中包括将一些片段从一个题目放置在另一个题目下的小调整）。这一新顺序有助于对这套丛书进行逐本翻译。同时，它有助于通过多次阅读所产生的对文本本身的解释而使得对这套丛书的阅读变得更为容易。

无疑，优士丁尼《国法大全》指导了后世诸多罗马法学家、民法学家的工作。不过，最为重要的是，它给1804年《法国民法典》中的许多制度提供了有效的解决路径，也间接地给在《法国民法典》基础上发展起来的诸多其他国家的《民法典》提供了指导。然而，优士丁尼《国法大全》并没有穷尽那些依然开放的、与读者一起成长的丰富观点，这些读者往往从新的背景出发，带着新的疑问和新的问题对古代资料提出质疑。德国学说汇纂学派就是对古代资

---

① 在一些网站上可以阅读波蒂尔的作品。法语网站可以检索"Hathi Trust Digital Library Pothier Pandectae Justinianeae"，或者检索"openlibrary.org/books"；意大利语网站可以检索"Pothier Pandette di Giustiniano"。

料进行后续解读的一个例子。尽管学说汇纂学派依然是发展其方法论的路径之一，但是学说汇纂学派对古代资料的重新解释的特点在于，他们比罗马法学家的阐述具有更强的抽象性。通过这种方法，学说汇纂学派强调了他们所认为的罗马法的内部体系，罗马法学家们对该内部体系一直未做出明确阐释，但他们却是按照这个体系来进行研究的。不过，在学说汇纂学派看来，该体系秩序有时是依单方面考量的重点、符合其提出的需求和运用所组合而成的。但随后，新的批判性重新解释提供了新的研究结果，其中意大利罗马学家们的重新解释得到了科学的肯定，并且在其他环境、其他人和其他法学家们的参与下对该内部体系进行了新的扩展。然而，所有的重新解释并不是从一个树干上分出的枝杈，而是在同一树干上的连续生长，并且不断地相互交流。

此次再版，在调整丛书各卷的文本时，为了以统一的方式重新出版这些文本，我向费安玲教授提议：鉴于中国《民法典》的生效，在不对当时所做工作进行大幅度修改的情况下，按照中国《民法典》的顺序进行调整。事实上，中国《民法典》与罗马法原始文献之间的对话由来已久，我相信这一对话不仅从立法法上而且从共同法体系上能够对中国法学的未来发展做出有益的阐释，因为生效的中国《民法典》对该共同法体系做出了贡献。民法法典化本身就是对共同法体系的贡献。这是一次我们许多人共同参与的法律对话，而中国的立法者和参与《民法典》编纂并使之问世的中国法学家们现已成为该对话中的主角。

在我们对话的这个新阶段中，我现在要简单回顾一下罗马法体系的四个核心概念：法（ius）、市民（cives）和人类（homines）、法典（codex）、共同法（ius commune）。它们的意义在不断地吸引着我们。

二、渊源多样性的"法"

对于罗马法学家而言，罗马法体系形成的时代是从罗马法始萌到优士丁尼（Iustinianus，482—565 年）时期，"市民法"（ius civile）是由不同的渊源所构成的。

首先，市民法是体现人民意愿的法。平民会议决议、元老院决议、皇帝敕令同样是基于人民意愿而产生的。[①] 在此，我对平民会议决议、元老院决议和皇帝敕令不做赘述。

其次，作为法的渊源之一的习俗，同样是人民意愿的一种表达。[②]

[①] 有关该问题，盖尤斯《法学阶梯》中的 Gai. 1, 2—5、《学说汇纂》第 1 卷中的 D. 1, 1, 7pr.、D. 1, 2, 2, 12 和 D. 1, 4, 1pr. 以及优士丁尼《法学阶梯》中的 I. 1, 2, 3—6 均有阐述。就法律与平民会议决议之间的关系，奥罗·杰里奥（Aulo Gellio）谈道，奥古斯都时代的法学家阿特尤·卡比多（Ateio Capitone）曾经指出，平民会议决议是由主持会议的当选执法官提出法律提案并要求批准而引发的［参见 A. Gellio, N. A. 10. 20. 2 : lex est generale iussum populi aut plebis rogante magistratu（法律是由执法官提议的人民或平民的命令）］。即使是元老院决议，也是由元老院根据召集会议的地方执法官的提议进行表决，在讨论过程中，元老院议员还可能提出其他提议。

事实上，即使是作为人民意志的直接或间接表达的法律概念，在与之无关的原则的压力下，也在很长一段时间内消失了。这些原则主要与中世纪的制度有关，而现代社会推动这些法律概念之重申的原因是对罗马法渊源、对《国法大全》以及对其中存在且保存下来的关于同胞和人民的作用之法律原则进行思考的结果。

[②] 参见《学说汇纂》第 1 卷中的 D. 1, 3, 32 和优士丁尼《法学阶梯》中的 I. 1, 2, 9。必须强调的是，习俗不以民选执法官提出的建议为前提，而应当与法学家的评价相符合，法学家们将习俗与同法律无关的简单"做法""习惯做法"区别开。

桑德罗·斯奇巴尼教授序

裁判官告示也是法律的渊源。[1]

最后，基于专业能力（peritia）和智慧（prudentia），[2] 法学家的意见和学说也是法的渊源之一。法学家们对规则加以完善并形成结构化方法，并因此成长起来，其中出现了法学家们用于阐述属和种的归纳演绎法。按照类别、顺序[3] 和其他方式进行分类的方法产生了可验证性以及权威性，因此一些人得到其他已被认为是法学家的人的非正式认可而成为专家，并得到人民的赞赏（当时在某些情况下，还得到了皇帝的支持[4]）。

法学家的这种制定法律的活动并不限于市民法。从只有作为宗教祭司或者战和事务祭司的僧侣社团成员是法律专家的时代开始，由他们确认和制定的法律就提到了与外国人的"诸共同法"（multa iura communia），以及那些第一次遇到的但实际上已包括在其中的法。这些众多的"诸共同法"在市民法之前就已存在且不断

---

[1] 参见《学说汇纂》第1卷中的 D. 1, 1, 7, 1、D. 1, 2, 2, 10 和 D. 1, 2, 2, 12，优士丁尼《法学阶梯》中的 I. 1, 2, 7，盖尤斯《法学阶梯》中的 Gai. 1, 6。事实上，裁判官是由人民选举产生的执法官，因此是人民意志的体现，但其职能不包括制定法律。然而，在很长一段时间内，在行使法律适用告示并随后由法官裁决争端的职能时，裁判官也可以纠正或创新法律，只要其他裁判官或平民护民官没有否决它即可。因此，裁判官的创新产生了法律，其后汇集到历届裁判官在其任职之初公开张贴的告示里，以便任何人都可以阅读（改变告示中所写的内容构成犯罪。参见《学说汇纂》第2卷中的 D. 2, 1, 7、D. 2, 1, 9pr.）。

[2] 参见《学说汇纂》第1卷中的 D. 1, 1, 7pr.、D. 1, 2, 2, 5 和第12卷中的 D. 12, 13, 39, 1，盖尤斯《法学阶梯》中的 Gai. 1. 7，优士丁尼《法学阶梯》中的 I. 1, 2, 8。

[3] 参见《学说汇纂》第1卷中 D. 1, 2, 2, 4、D. 1, 2, 2, 44 中的敕令及相关法学家的阐释。

[4] 参见《学说汇纂》第1卷中的 D. 1, 2, 2, 49。

发展。几个世纪后，这些法大大增加，它们构成了"万民法"（ius gentium），这是全人类的共同法，适用于全人类，但对所有动物而言，适用的则是自然法（ius naturale）。当然，万民法的渊源中包含着自然理性（naturalis ratio）和自然（nature）。[1]

因此，法的概念与法律（lex）的概念不完全相同，前者更为宽泛。

这种更宽泛的延伸已被纳入我们的体系中，即使有时会形成一种对比，就像在现代欧洲民族主义遭遇国家主义法律学说或者遭遇凯尔森的纯粹法律学说一样。这些学说主张，法是源自国家的法律或者源自与国家有关的团体法律，[2]但是，在面对法律本身需要不断适应多种情况和每天不断产生的新情况时，在将法律与其整个体系进行比较时，以及在法律的比较中考量司法裁判的可能性时，在承认人类共同法和人的基本权利时，就会产生一系列理论上和实践上的困境。

法的概念比法律的概念更为宽泛，由产生法的多元渊源所界定的法的概念以一种完整的方式被界定为：对人类而言，法是"善良与公正的艺术"（ars boni et aequi）。[3]根据这个标准，法的每个渊源所产生的一切都应当从法的角度加以评价。

---

[1] 参见盖尤斯《法学阶梯》中的 Gai. 1, 1,《学说汇纂》第 1 卷中的 D. 1, 1, 9、D. 1, 1, 1, 3、D. 1, 1, 4 和优士丁尼《法学阶梯》中的 I. 1, 2pr.—1。

[2] 有时，我们错误地认为，国家法律主义是法治必要的先决条件。但显然，法治并不以国家法律主义为前提，而是要求国家机构尊重法律。

[3] 参见《学说汇纂》第 1 卷中的 D. 1, 1, 1pr.。

三、市民：作为产生"城邦"（civitas）及反映 罗马城邦基本情况渊源的术语

　　罗马古人，即奎里特人（Quirites），被认为是拥有支配权（potestas）[①]的人且是家庭内的支柱和首脑，具有平等地位的家子或被收养的家子亦包含其中，他们将自己托付给国王。第一个国王罗慕路斯（Romolus）在朱庇特（Giove）的主持下建立了罗马城（urbs）[②]。朱庇特被认为是世间的神，是所有已知和未知世界的和平与法律的保障者。他根据地面上的沟壑确定了城市和城墙建造的位置。沟壑、城墙不得翻越，[③]沟壑延至门边不再伸展，从那里始有连接奎里特人及其领土与其他民族和其他王国之间的道路。从那里开始，罗马以其居民家庭为形式向其他自然人和民族开放，使之成为罗马的一部分。在国王的管理下，逐渐形成了"诸共同法"。

　　多达两个半世纪的酝酿期使得人们确信，他们的团结应当建立在他们自己决定的基础上。

　　"市民"一词最初并非指住在城市中的居民，而是指那些在互惠关系中彼此为"共同市民"（con-cittadini）的人[④]。他们共同制

[①] potestas 应当源自 potis esse。potis esse 即"更多"之意，是指具有自己独立且能够与他人建立关系，并为那些无法与他人建立关系的人及其家庭提供支持的能力。

[②] urbs 应当源自 urbare，参见《学说汇纂》第 50 卷中的 D. 50, 16, 239, 6。

[③] 参见《学说汇纂》第 1 卷中的 D. 1, 8, 11。

[④] 参见 É. Benveniste，*Deux modèles linguistique de la cité, in Échanges et communications*，in *Mél. Lévi-Strauss*, 1, Mouton-L'Aia, 1970, 589 ss.（= in Id., *Problèmes de linguistique général*, II, Parigi, 1974, 272ss.。

定了《十二表法》，这是他们的共同法则。在此基础上，他们开始对罗马城市国家进行转型，开始追求"使之平等和自由"（aequare libertatem）这一目标，以及由此带来的所有期许和影响。这一目标成为法律的基本特征，他们也因此经历了不断的变革。最重要的是，正是基于这些法律，他们的自我认同才得以确立，并且"城邦才得以建立"①。

术语 cives（市民）一词是 civitas（城邦）一词的基体词，civitas 源于 cives。首先，它要表明"共同-市民"的条件，也就是说，市民身份是一种地位，依其意志和法律建立起与其他民族之间的相互关系；其次，它指的是"共同市民在一起"（insieme dei concittadini），并以翻译的方式指"城邦"。如同前面提到的那样，市民身份对所有人开放，接纳他人，被制度化地称为"人民"（popolus），持有源自市民身份的权力。人民被定义为"是许多人基于法的共同意志与共同利益而结合起来的集合体"（coetus multitudinis iuris consensu et utilitatis communione sociatus）②，并构成一个实体（corpus），但这是一个"由独立的个体组成的实体"（corpus ex distantibus）③，即使存在着特定的统一性，但个体仍然保持着自己的特性。他们是聚集在城邦里的市民，在相互的关系中产生了他们的组织，即"城邦"。

① 参见《学说汇纂》第 1 卷中的 D. 1, 2, 2, 4。参见 S. Schipani, *La condificazione del diritto romano romune e l'accrescimento del sistema.* Appunti delle lezioni, cap. II, parte prima, in Liber Amicorum per Massimo Panebianco, 2020。

② 参见 *de Rep.* 1, 25, 39。

③ 参见《学说汇纂》第 41 卷中的 D. 41, 3, 30pr.。

桑德罗·斯奇巴尼教授序

这就是他们的物（res），即"公共物"（res publica），也就是"城邦"。这是他们聚集在一起的结构性产品。并非公共资源或者市民身份使这些人成为市民或者决定了他们存在的这一颇具特征的方式，相反他们就是该城邦的缔造者，其组织结构是他们相互关系的结果，通过活动而得到巩固，且可以被调整。该城邦组织是统一的、团结的，但并非是一个自然的有机体的统一，而是作为一种社会产物，依其模式存在并保证其多元性。[①]

法律是作为人的市民意志的表达，只对市民有约束力（除少数例外）。作为市民法的渊源，法律也在辨别着市民法，尤其表现在辨别身份时。

对平等的追求是城邦的特点，它使人们认识到，被视为平等的其他民族也有自己的法律，即"利用他们自己的法律"（suis legibus uti）[②]。在这些规范之外，如前所述，还有适用于所有人的万民法。

基于从家庭过渡到市民身份的社会结构的开放，罗马的扩张是市民条件的扩张。卡拉卡拉（Caracalla，186—217 年）皇帝于 212

[①] 我已经再次强调过，希腊语见证了一个相反的过程：城市（希腊语为 pólis）是市民（polítēs）的基体词。城市产生了市民，这与希腊城市最初对自身的封闭有关，它不对外国人开放，也没有建立起一个如同与罗马共同成长的包容的"公共物"，即城邦。

[②] 我们在执政官提图斯·昆图斯·弗拉米尼乌斯（Titus Quintus Flaminius）战胜马其顿人后对希腊人的著名演讲中发现，该原则得到了承认和颂扬［参见李维的《自建城以来》（33，32，4—6）："罗马元老院和被誉为皇帝的提图斯·昆图斯在打败了腓力国王和马其顿人后，下令科林斯人和希腊的其他民族获得自由，免于进贡，并按照自己的法律生活。"］。我们发现该原则在库伊特·穆齐·斯凯沃拉给亚细亚行省的告示中也得到了肯定。在恺撒的《高卢记》和西塞罗等人的作品中均可寻觅到相关内容。

年颁布的《安东尼敕令》①（*Constitutio Antoniniana*）承认了帝国所有居民的市民身份。该敕令给予生活在城市的人们以最大程度的自由和自己法律的选择权，人们根据不同情况将法律适用于他们的关系中，而罗马共同法则适用于有着不同法律的城邦市民之间的关系（这个演进过程也见证了罗马法的传播）。

但是，法超越并包容了所有法律意义上的人和自然意义上的人，这就是法设立的原因和目的。②

四、法典、法学家、法典编纂的创始人和在优士丁尼立法功能基础上的立法者：基本协同；在所有法的体系中以人为首位的宏观分类和宏观排序。

法典思想的酝酿由来已久。我们可以说，它是在城邦设立千年之后才出现的，我们亦可以把它看作体系编纂时代的最后时刻，它在我们这个伟大革命的和重新法典化的时代，为法典的后续发展提

---

① 该敕令可能是用拉丁文起草的，然后由帝国文史翻译成希腊文。希腊文译本出现在一张非常不完整的纸莎草纸上，其来源不明，德国吉森博物馆于1902年购买并将其保存［参见发表于《优士丁尼之前的罗马法原始文献》（*Fontes Iuris Romani Anteiustiniani*, FIRA）的文章，佛罗伦萨，1941，第445页］。对极度缺乏的纸莎草纸文本中的信息进行整理、研究非常重要。

关于这个问题的相关文献可参阅朱赛佩·格罗索的《罗马法史》（黄风译，中国政法大学出版社2018年版）中的相关内容及M. 塔拉曼卡（M. Talamanca）的《罗马法史纲》（*Lineamenti di Storia del diritto romano*）（周杰译，北京大学出版社2019年版）中的相关内容。

② 参见盖尤斯《法学阶梯》第1卷中的Gai. 1, 7；参见《学说汇纂》第1卷D. 1, 5, 2中法学家赫尔莫杰尼安所说的"所有的法都是为人而设"。

供了支持。

在从城邦到我们的奥古斯都（Augusto，公元前63—公元14年）时代之初所采取的新形式中，法学家的工作与皇帝设立的新裁判官机构之间出现了一种融合形式，皇帝通过在一定时期内给法学家以权威而对此给予支持。[①]

这种融合并非是孤曲的独舞，而是同样发生在其他场合。

从2世纪开始，法学家们对城邦本身的新结构进行了反思，完善了皇帝不同类型的敕令中法的特有价值。在这些敕令中，皇帝针对已有的法律进行了创新。这些创新有时包含在皇帝做出的司法裁决（decreta）中；有时包含在裁判官告示（edicta）中，其旨在体现皇帝通过其代表对行省政府的治理；有时包含在行政文件中，例如批复（epistulae），批复是皇帝向其代表发出的纯粹政治性的，或者行政性的，甚至法律性的建议，或者用它回应私人的请求。法学家们有时会利用这些文本，将它们作为权威性的引文纳入自己对法律的阐述中，如同他们将其他法学家的观点和学说纳入自己的阐述中一样。因此，借助着法学家们的著作，皇帝对法律一般性的思考成熟起来，[②] 后来它们被通称为"敕令"（constitutiones）。这个词也被用来指皇帝直接颁布的一般文件、独立于上述形式的文件和皇帝自己的倡议。法律的特有价值建立在人民意愿的基础上，因为人民

---

① 参见《学说汇纂》第1卷中的 D. 1, 2, 2, 11 和 D. 1, 2, 2, 49。

② 盖尤斯《法学阶梯》中的 Gai. 1, 5 和《优士丁尼法典》中的 C. 1, 1412, 1 均阐释了法学家在促进皇帝敕令产生法律价值方面的作用："……甚至古代的法律创始人（即法学家）也公开和明确地定义，来自皇帝在法庭上宣布的判决敕令具有法律价值。"

在君主上任之初批准了"君王法"(lex de imperio)①。

在上述记载的其中一个文件内,皇帝再次就涉及法官的法学家的意见进行了干预。事实上,在科学方法多样化的背景下,法学家们的意见有时会相互矛盾。皇帝通过一项敕令规定:如果法学家们的意见一致,对法官应当具有约束力;但是,如果法学家们的意见不一致,法官可以选择他认为最适合其裁判纷争的意见,但法官不能自己研究出另一种解决方案。②

此外,法学家们不仅开始引用和思考敕令,还开始收集敕令。因此,帕皮流斯·尤斯图斯(Papirius Iustus)将2世纪末马尔库斯·奥勒流斯·安东尼努斯(Marcus Aurelius Antoninus)和鲁求斯·维鲁斯(Lucius Verus)两位皇帝的批复汇编为20编的书,没有添加任何自己的内容。他的这部著作随后在《学说汇纂》中以与法学家其他著作相同的方式被使用和引用。③由于在可卷的纸上进行书写(即由羊皮纸装订成册的书)这一创新形式的出现,我们得到了3世纪末法学家格雷戈里亚努斯(Gregorianus)和赫尔莫杰尼安(Hermogenianus)的两部法典。这两部法典收集和整理了皇帝敕令。这些法典还被作为法学家著作,用从事敕令收集与整理的两

---

① 在盖尤斯《法学阶梯》中的 Gai. 1, 5 的最后和《学说汇纂》中的 D. 1, 4, 1pr., 乌尔比安都谈到了涉及君王治权的《君王法》。我们仅能够通过维斯帕西亚努斯(Vespasianus, 9—79 年)找到的一块铜板(69 年)了解之。在该文本中,我们没有读到赋予君王发布法律的权力条款,而只有非常笼统的一句话:"他有权执行和实施一切,根据城邦管理需要,他被认为享有神圣的、人类的、公共的和个人的威严。"因此,除了后来法律的条款不同之外,我们可以理解涉及该法的解释变化。

② 参见盖尤斯《法学阶梯》中的 Gai. 1, 7。

③ 参见《学说汇纂》第 8 卷中的 D. 8, 2, 14 和 D. 8, 3, 17 等内容。

位法学家的名字命名。①

后来，关于法学家的著作，426 年的《引证法》(*Lex Citationis*) 确认了皇帝对规范法学家著作的使用进行了干预。② 在法学家的法律专业水平和古典法学家著作的持久性出现危机的情况下，敕令确认了盖尤斯、帕比尼安、保罗、乌尔比安和莫德斯丁著作的价值，③ 以及他们的著作中包含的其他人的意见。此外，针对解释这些文本的困难以及这些法学家的意见可能存在不一致、使用者可能不知如何解释的情况，敕令规定要接受被大多数人认可的意见；如果依然无法确认，则以帕比尼安的意见为准。

顺着皇帝敕令和法学家解释这两个渊源相遇与互替的思路，狄奥多西二世（Theodosius II, 401—450 年）皇帝随即开始了法律的编纂，将敕令和作为其注释的法学家意见汇集在一起。由于为此目的而成立的委员会的放弃，这个编纂活动没有取得成果（我们不知道这究竟是由于委员会成员能力不足，还是由于他们对编纂法典有异议）。其后，一个新的委员会完成了《狄奥多西法典》(*Codex Theodosianus*) 的编纂，并于 438 年颁布。该法典只收集和整理了敕令，且仅限于那些普遍适用的敕令，以便符合在此之前确定的仅承认这些敕令有效的方针。④ 一方面，这部法典所表达的背景是，在

① 参见狄奥多西二世和瓦伦丁尼安《法典》中的 1, 4, 3: "……从格雷戈里亚努斯、赫尔莫杰尼安、盖尤斯、帕比尼安和保罗等所有的法学家这里，我们基于当今时代的原因而选择了被认为是必要的内容。"

② 参见狄奥多西二世和瓦伦丁尼安《法典》中的 1, 4, 3。

③ 请注意，有关敕令提到了这些法学家们已更多地参与了教学和法律实践。参见 *Vaticana Fragmenta* 和 *Collati* 中的记载。

④ 参见《优士丁尼法典》中的 C. 1, 14, 2 和 C. 1, 14, 3。

法律层面的术语中，"法典"这一表达在当时已具有法律书的特定含义。在法典中，法学家的著作和立法者的认可交互融合；另一方面，这部法典对法学研究的新发展形成了一种刺激。此外，在这部法典颁布之前的425年，君士坦丁堡大学[①]"为对法学与法律进行系统阐述"[②]而设立了两个教席，并要求官员们在完成法律学习后才能进入一定级别的帝国官僚机构中。

最终，优士丁尼皇帝在他于527年上任后就立刻关注到应当以可知的更容易、更可靠的编纂方式来提高法律的确定性，并决定用一部法典来更新《狄奥多西法典》，其中要包括在它之后颁布的敕令和特别敕令，也要包括最古老的敕令。这项工作很快就在529年完成了。[③] 该法典没有收录法学家的著作，这些著作的使用由《引证法》规定。优士丁尼坚信，这部法典是他唯一的成果，他希望以他的名字命名，即《优士丁尼法典》。

但是，在这项工作完成后，一个对法及其渊源进行反思的时期开始了。在此期间可以看到，法学家、大臣特里波尼亚努斯

[①] 据史料记载，君士坦丁堡大学成立于425年，由狄奥多西二世创设，其目的是对抗以古爱琴文明为道统传承的雅典学院。在优士丁尼皇帝时代，雅典学院被取缔拆毁，君士坦丁堡大学便成了罗马帝国的最高学府。该大学设有拉丁文、希腊文、法学和哲学等31个教席。教员由元老院委任，学校由市长管理。据传大学图书馆内有36 500卷藏书。该大学后被利奥三世（Leo III, 717—741年在位）拆毁，图书馆也被烧掉。至此，该大学不复存在。——译者

[②] 参见《优士丁尼法典》中的 C. 11, 19, 1, 1。法律教学也在帝国的其他城市进行，如在埃及的亚历山大、巴勒斯坦的凯撒利亚、阿非利加行省的迦太基、希腊的雅典和安提奥克。我们知道，在表现出色的贝里托，有来自当时中东各地的学生（参见 L. Wenger, *Die Quellen des römischen Rechts*, Wien, 1953, 616 e 629）。

[③] 即529年4月7日的 *Summa rei publica* 敕令。

（Tribonianus，约500—542年）发挥了突出作用，他参与了《优士丁尼法典》的编纂，他欣赏他所处时代的法学家的能力并维护法学家的权威，支持他们编纂一部与敕令并行的法典，在该法典中包括教学和司法实践中使用的古代法学家的著作。

优士丁尼和他的一些合作者最初可能认为，对在体系扩展下的法之产生，皇帝的作用往往是或者已经是唯一的渊源。显然，没有人认为要取消古典法学家们对法的产生所具有的作用（在第一部法典中保留的《引证法》就证明了这一点）。然而，在529年11月的一部敕令中，似乎出现了一种含糊的概念，根据该概念，皇帝在制定新法律方面拥有某种垄断权，他可以用自己的敕令或用自己对敕令的解释来提供一些创新性发展。但是，应注意的是，在敕令中，皇帝只是在为实现法典编纂所做的工作加以辩护，特别是以更加开放的态度将早期的敕令纳入其中，同时承认与个别案件有关的敕令。

无论第一部法典的诞生是基于怎样的方式，这导致对《学说汇纂》工作的思考持续了一年半，而由特里波尼亚努斯倡导的方式似乎占了上风：不仅决定收集和整理法学家著作，而且确认了法学家——甚至他们同时代的法学家——的作用和永久价值。根据530年12月15日的敕令，特里波尼亚努斯受托选择他想要的合作者，并开展将法学家著作汇集进法典的工作。由于清晰认识到自己的权限，并考虑到古典法学家著作中存在的意见分歧，以及在编纂前的几个世纪里法律在默许的转化使用中或通过帝国敕令的干预发生的变化，他认为，作为法典编纂委员会成员的法学家们不应局限于计算多数票，或者不应根据《引证法》的规定考虑提交人对他们发表的意见的或多或少的权威性。但是，他们有选择著作和参与

著作撰写的自由，以消除任何矛盾，并使之适应"更好和更有成效的平等"。[①]换言之，法学家被正式承认有能力做自罗马早期以来法学家一直在做的事情：引用前人的意见，对其进行比较、评估，选择或提出一个新的结论。他们所做工作的质量和法律相关性得到了认可，在促使成果问世的工作中，他们是该成果的"创始人"（conditores），这是一个用于古典法学家和皇帝的重要术语。[②]

此外，《学说汇纂》不仅收录了编纂者所关注的法学家们的著作，还收录了对编纂体系至关重要的著作，其强调：制定具有法律效力的敕令的权力取决于人民所希望的法律，这就是城邦的基本原则。[③]

鉴于这项工作的规模，该委员会在很短时间内即完成了这一工作。《学说汇纂》于533年12月16日以拉丁文和希腊文双语敕令的形式问世。这个写给君士坦丁堡元老院和"全体人民"的双语敕令强调，"神圣的善良在保护着我们"。

同时，在最后几个月中还有一项工作，即主要在盖尤斯《法学阶梯》（*Gai Institutionum*）的基础上起草的一部新的教科书，即优士丁尼《法学阶梯》。优士丁尼《法学阶梯》具有对法律研习的引导功能，该功能与几个世纪前《安东尼敕令》于其最初几十年中引导对法律感兴趣且规模不断扩大的人们研习法律的功能是相同的。

---

① 参见《优士丁尼法典》中的 C. 1, 17, 1, 6，即敕令 *Deo Auct.* 6。

② 参见《优士丁尼法典》中的 C. 1, 17, 2, 17，即敕令 *Tanta* 17；参见桑德罗·斯奇巴尼，《桑德罗·斯奇巴尼教授文集》，费安玲等译，中国政法大学出版社 2010版，第72页。

③ 参见《学说汇纂》中的 D. 1, 4, 1pr. 和优士丁尼《法学阶梯》中的 I. 1, 2, 6。

桑德罗·斯奇巴尼教授序

盖尤斯的教科书、优士丁尼的教科书均有自己并非完全描述性而是规范性的宏观分类和宏观体系。因此，优士丁尼《法学阶梯》将部分著作加以综合，同时构建了具有很强结构性的内部体系，与《优士丁尼法典》和《学说汇纂》相互发挥作用。法学家们具有规范性的全部著作得到了体系化张力的支持，但优士丁尼《法学阶梯》对此明确提出了相关建议。该顺序被放置在优士丁尼《法学阶梯》的开篇，而且对《优士丁尼法典》和《学说汇纂》而言似颇具影响，其确定了阅读方向，同时在法学家术语中嵌入了翻译术语"学说汇纂"，以现代化的方式丰富了其内含。[①] 优士丁尼《法学阶梯》于533 年12 月21 日与《优士丁尼法典》［也称《帝国敕令》(*Constitutio Imperatoriam*)］一起公布。

法律研究计划的改革也已准备就绪，533 年12 月16 日的敕令中强调的"一切由我们城邦认可的东西"，表达出对《优士丁尼法典》、优士丁尼《法学阶梯》与法学家之间必要的长期对话的共识，因为编纂者认为，他们的成果能够"使法律每天都向最好的方向发展"(ius cottidie in melius produci)，这是保持法律本身稳定的必要目标。正如编纂者自己计划的那样，他们将彭波尼 (Pomponius)[②] 的这些话放入了《学说汇纂》中。

情况也是如此，优士丁尼希望自己的《法学阶梯》能够对作为未来法学家的年轻人加以教导，而且强化年轻人最初的学习方向，他将他们称为"年轻的优士丁尼"[③]。

---

① 参见《君士坦丁堡敕令》*Dédōken* 7。
② 参见《学说汇纂》第 1 卷中的 D. 1, 2, 2, 13。
③ 参见《君士坦丁堡敕令》*Omenm* 2 *Imp. S*。

在《学说汇纂》和优士丁尼《法学阶梯》问世后的第二年，《优士丁尼法典》进行了更新。其与《学说汇纂》工作期间颁布的敕令结合起来，以解决法学家委员会认为立法者必须干预的问题。新版《优士丁尼法典》于 534 年 11 月 17 日通过敕令发布。

无论是《优士丁尼法典》，还是《学说汇纂》，或是优士丁尼《法学阶梯》，都被特称为优士丁尼《国法大全》，以表明它们都同属《国法大全》这一法律著作。它们有着共同特点，即开篇伊始即包括全部的法。

在这里，我不对这些特点加以讨论，[①] 但我认为必须强调的是，作为产生法的两个渊源，在皇帝立法职能基础上的市民——人民立法者（concittadini-popolo legislatore）与法学之间具有协同发展的特点。

如前所述，《国法大全》是罗马法体系两个渊源，即法律和法学家之间相互独立、相互作用的结果。这是一个真正的两个渊源之间的合作，其不仅发展了过去的做法，而且还产生了一个具有高度价值的共同成果，这是前所未有的。与此同时，这一合作并没有削弱两个渊源各自在体系中继续发挥其自主功能。

立法者和法学家的活动都没有以编纂作为结束。优士丁尼发布了许多敕令，这些敕令或许应该纳入一个新的"敕令法典"（codice delle costituzioni）中，其他由他的继任者颁布的敕令也会按照时间顺序被简单收集。法学家们按照不同的路径和方法，致力于汇总、

---

① 对上述特点的更详细阐述，参见朱赛佩·格罗索：《罗马法史》，黄风译，中国政法大学出版社 2018 年版。

解释、调整和强化这些法典的艰巨工作，以造福于新一代罗马帝国之人和其他民族。他们在超过一千年的时间里所做的一切不仅仅是一个简单的事实，更是基于体系渊源的永久逻辑。

此后，其协同功能被更新，这是近现代再法典化的现实，也是今天的现实。[①]

五、行进在途中的共同法；不变的法之统一与多种语言

古典时代的罗马法学家以复数形式将他们的法称为"罗马人的法律综合体"（iura populi romani）。伴随着《国法大全》的出现，我们看到出现了一个独立的统一概念化的成果：罗马共同法（ius romanum commune）。这一名称包括了市民法、万民法、自然法中已阐述的内容，而非将其删除。对于这些法典而言，这些内容是叠加存在着的。

此外，有学者准确地指出，在《优士丁尼法典》中提到外国人资格，就会获得另一种意思，即"生活在法律之外的人"，或者"处于同一自然界之外的人"。[②] 这三部作品（即《优士丁尼法典》、优士丁尼《法学阶梯》和《学说汇纂》）没有讨论涉及罗马人和外国人之间关系的全部问题，如果他们因婚姻、子女等原因来到罗马帝国，这些问题以前都曾被处理过。[③] 对于成熟的罗马共同法而言，

---

① 相关内容参见桑德罗·斯奇巴尼：《桑德罗·斯奇巴尼教授文集》，费安玲等译，中国政法大学出版社 2010 年版，第 17—71 页。

② 参见《优士丁尼法典》中的 C, 9, 18, 6。

③ 参见盖尤斯《法学阶梯》中的 Gai. 1, 65。

有一个思考的路径。根据该思路，不再有"外国人"。"市民"指向
"人类"，反之亦然。或者更确切地说，这是一个正在进行中的运动。

在优士丁尼时代发动的战争，无论是在帝国东部与帕提亚人
的战争，还是在帝国西部特别是针对意大利的奥斯特罗哥特人、针
对非洲的旺达尔人和西班牙南部的西哥特人的战争，都显示了优士
丁尼要恢复帝国整体和统一的计划，并且从治国角度而言，法律照
顾是一个优先事项[①]。这一优先事项涉及地中海沿岸地区人民之间对
"使之平等和自由"（aequare libertatem）的关注，即使他们适用同
样的法，一个统一的法。

在《国法大全》中确立的罗马法对罗马帝国中的全体居民有
效。[②] 如上所述，使用自己的法律，即《安东尼敕令》所适用的法
律，已不再符合广泛的需要。[③] 因此，我们看到了《国法大全》中
确认了每个人都要遵守法律规定的内容，这一规定并非偶然，例
如，在男女平等地享有继承权方面，就确认了人与人之间的平
等。[④] 我们还看到，在最终并入帝国的民族和领土范围内对此也给
予了确认。[⑤] 我们还发现，面对暂时的局势和那些在保留自己政
府机构的情况下进入帝国领土的民众，我们在接受保留其法律的
同时，也要求他们遵守涉及尊重人的自然属性之完整的有关原则。
共同法的扩展按照保护人与平等的思维进行的，这同保护人与平

---

① 参见敕令 Deo auct. Pr。

② 参见 S. Schipani, *La condificazione del diritto romano comune e l'accrescimento del sistema*. Appunti delle lezioni, cap. III, par. 22 e 24。

③ 参见《学说汇纂》第 1 卷中的 D. 1, 5, 17。

④ 参见 535 年颁布的《新律》(*Novellae*)。

⑤ 同上。

等思维被确认为是法的内部体系中心地位是一致的。在这种扩展中，出现了优先考虑原则。

然而，对所有人、所有民族颁布法律时所使用的表达方式既要谨慎又要包容，还应当意识到依赖于其他政治共同体（politeíai）所存在的困难。

一般性、普遍性的表述逐渐转化为精准的介入，以满足特定情况下的具体需求，正如我们前面所述，开始是将主要交易物作为中心，其后涉及超越国界但与作为其保护者的帝国有关的人。[①]

法有其特征，它实际上是所有人共同的法，其力量超越了机构和裁判官的效力范围。[②]"市民"作为构成性和推动性的因素，以其结构上的包容性将其他希望汇聚于市民地位的人均纳入城邦，这意味着作为城邦的共同体之扩大和对等性。法学家对此做出了贡献，他们的法科学包容了所有的人，他们对构成主体的永久多元性进行了思考，从原则上对正在进行的体系编纂进行了阐述，而这就是法的体系之基本组成部分[③]，其中包括全部的时效内容。

此外，统一性的最大化与平等的新维度相结合，差异亦包括在内：强调法律的统一性，实际上是以一种涉及自治的新方式关注文化的多样性，以适应新的环境。基于团体自有身份的平等，不再强

[①] 参见《优士丁尼法典》中的 C. 1, 3, 51（52），2。
[②] 参见《学说汇纂》第 1 卷中的 D. 1, 2, 2, 12 和 D. 1, 2, 2, 13。
[③] 参见《学说汇纂》第 1 卷中的 D. 1, 2, 1。另参见 S. Schipani, Principia iuris. Potissima pars principium est. *Principi generali del diritto* (*Schede sulla formazione del concetto*); *La codificazione giustinianea del ius Romanum commune*, in *La codificazione del diritto romano comune*, rist. ed. 1999 *con Note aggiuntive*, Torino, 2011.

调对特定法律或习俗的适用。这些法律或习俗在一定程度上仍然存在，但在优士丁尼的编纂工作中，已经通过使用自己的语言令这一做法变得成熟。人们渴望通过语言获得罗马共同法，同时也希望将子孙后代们更充分地获取的现代法律内容融入该共同法中，并在其中展示自己的贡献。

法律语言的问题是这种设计的象征。罗马法是用拉丁文构思的，几乎所有文本都使用了这种语言。

法学家们用拉丁文撰写了《国法大全》的大部分，但双语敕令则规定要翻译成希腊文。

如同讲授法律编纂一样，翻译也被认为是法编纂活动的组成部分。翻译是法编纂的延伸。

罗马帝国的东方和西方法律之间实现了平等，因为一部法律有两种语言。因此，人们设计了字面翻译、寻求诠释更为自由的意译、"索引"式翻译（即摘要式的自由翻译），以及用希腊语进行"总结标题式的注释"翻译，其中包括对解释性的题外话、问题和答案、评论说明的翻译，有时还包括对业已存在的部分资料的翻译。

这是一个新的自治维度，即是"利用自己的法律"（suis legibus uti），是尊重不同的市民秩序（politeumáta）。与《安东尼敕令》和以往的经验相比较，这一正在编纂的罗马共同法在不同层次和新的层面上有所增加，它也被理解为实现平等自由和人民在法律上的自治与认同，我们认为这是一种强化统一性的平等方式。共同法和以自己的语言制定的自有法并存。多种语言用于一个法上。这意味着一种开放包容的态度。

桑德罗·斯奇巴尼教授序

感谢参与本译丛翻译的中国同仁！感谢参与其他罗马法原始文献翻译和参与我们正在进行中的《学说汇纂》单卷本翻译工作的中国同仁！感谢将法典化国家的法典翻译为中文的中国同仁！再次感谢中国人民，感谢中国的法学家们，更要特别感谢中国的《民法典》，其所具有的宏观体系、宏观类型和全部民法典的主题均值得我们进行深入研究！愿所有这些渊源能够成为全人类共同法的相遇及成长之地！

桑德罗·斯奇巴尼

意大利罗马"智慧"大学荣休教授

2021 年 2 月 26 日

（费安玲 译）

阿尔多·贝特鲁奇教授序

　　每个人的命运都受到机遇的强烈影响。这同样也发生在我身上。1989 年 2 月，我是罗马托尔·维尔卡塔（Tor Vergata）大学，即罗马第二大学法学院的一名罗马法研究人员，当时我正与担任罗马法教席的桑德罗·斯奇巴尼教授进行合作。其间北京的中国政法大学校长江平教授前来访问，在江平教授的一次重要演讲中，他不仅向我们介绍了中国罗马法研究的情况，还阐述了中国法学在当时构建起适应 20 世纪末中国社会和经济新需求的民法体系的重要性。

　　江平教授特别指出："由于中国目前正在发展市场经济，罗马法对我们是有用的，因为罗马法为市场经济社会提供了丰富的经验和法律解决方案。"他指出，正是由于其内在合理性，罗马法具有普遍的社会价值。[1] 不过他也认为，对于中国学者而言，应当通过分析《国法大全》编纂中收集的罗马法原始文献直接了解罗马法，而不应以经过翻译的现代语言（主要是英语）为中介，也不宜加入西方罗马法学家的诠释。换言之，中国法学家希望了解"罗马人的

---

[1]　参见 Jiang Ping, Il diritto romano nella Repubblica Popolare Cinese, in *Index*. Quaderni camerti di studi romanistici, 16, 1988, p. 367。

罗马法",而不是通过其他国家(甚至是具有悠久罗马法学传统的国家)的语言和意识形态的过滤器来了解。这正是江平教授在1989年结束意大利访问时与斯奇巴尼教授签署合作协议所依据的精神。一个新的挑战由此产生:将罗马法原始文献或至少其中一部分从拉丁文翻译成中文,以便中国法学家们能够立即研究它们,并以他们认为最方便的方式使用它们。在当时的中国,《民法通则》和《婚姻法》《继承法》《经济合同法》已经颁行,而是否以及如何设计和实施一部《民法典》也正在讨论之中。

在此,我走近了我的机遇。作为一名大学研究人员,按照当时的学术习惯,我必须"听从"与我合作的教授的安排。这使我得以在江平教授访问意大利的每个阶段,即从他到达的那一刻直到离开,都能够伴其左右。我去罗马机场接他并最终把他送至罗马机场,参加了他的讲座,参加了关于中意双方未来合作的会谈。为了实现这一合作并使之具体化,合作计划设计了让年轻的中国学者在意大利停留较长时间(一年半至两年)的模式,他们将在斯奇巴尼教授的指导下致力于罗马法学习和原始文献的翻译工作。如果说指导和管理的工作由斯奇巴尼教授来决定,那么就需要有人每天跟随并帮助年轻的中国学者进行学习和翻译活动。这个人就是我。斯奇巴尼教授在众多可供选择的人中选择了我,另外还选择了朱赛佩·德拉奇纳,他是一位汉学家和完美的中文鉴赏家,我们共同开始了工作。

因此,从1989年底开始,在大约十年的时间里,年轻的中国学者与朱赛佩·德拉奇纳和我每周见面一到两次,讨论罗马法的内容并校对原始文献的中译本。工作方案在理论上安排如下:到达罗

马后的六个月内，这位由中国政法大学派往意大利的年轻学者要提升其意大利语水平（其已在北京开设意大利语课程的大学学习过意大利语），并开始学习拉丁语的基础知识；六个月后至回国之前，该学者要深化对罗马法的学习研究，并进行罗马法原始文献的翻译。我根据斯奇巴尼教授的指示，亲自安排了翻译前的各阶段活动，斯奇巴尼教授则仔细指导年轻的中国学者完成向罗马法学者的转变。在罗马法原始文献的翻译中，斯奇巴尼教授从优士丁尼《国法大全》里最重要的文本中根据不同主题进行内容筛选，或者审查由我选择并提交给他的文本；其后，我们翻译小组，即朱赛佩·德拉奇纳、我和进行翻译的中国学者对译稿进行讨论与修改；终审和存疑的最后解决都留给斯奇巴尼教授，他通常是邀请中国学者到他当时居住的位于撒丁岛萨萨里的家中待上几日来完成这件事。

因此，"民法大全选译"（中国政法大学出版社版）的各册出版计划得以实现。该计划和出版的总体安排如下：I. 1.《正义与法》（黄风译，1992 年）；I. 2.《人法》（黄风译，1995 年）；I. 3.《法律行为》（徐国栋译，1998 年）；I. 4.《司法管辖 审判 诉讼》（黄风译，1992 年）；II.《婚姻 家庭》（费安玲译，1995 年）；III.《物与物权》（范怀俊译，1993 年）；IV. 1.《债 契约之债 I》（丁玫译，1992 年）；IV. 1B.《债 契约之债 II》（丁玫译，1994 年）；IV. 2A.《阿奎利亚法》（米健译，1992 年）；IV. 2B《债 私犯之债（II）和犯罪》（徐国栋译，1998 年）；V.《遗产继承》（费安玲译，1995 年）；VI.《公法》（张礼洪译，2000 年）。

根据这个计划的实施，我们可以做一番思考。

首先，我们意识到，第一次将罗马法原始文献的文本直接翻译

成中文，不可能将优士丁尼法典化的全部内容包括于内。这是一个新的尝试（肯定与已在中国流传的一些优士丁尼《法学阶梯》英译本不同），它可能是成功的（事实确实如此），也可能失败。正是由于这一计划的成功，2000年后才进行了罗马法原始文献《学说汇纂》的完整翻译。此外，通过对罗马法原始文献文本的选择，才能够确定那些在后世罗马法传统影响最大的文本，从而为中国法学进行更富有成效的研究与思考提供基础。通过这种方式，人们能够立即看到罗马法渊源的内容，以及中世纪尤其是在19世纪和20世纪法典编纂时代的现代法律体系对这些渊源的使用方式。

我们可以看到，这套丛书所选择的体系并未遵循已有计划，其既非古代亦非现代，而是按照每个年轻的中国学者的兴趣且与其在意大利学习研究的时间相吻合，这也解释了为什么这套丛书的出版时间与计划中的主题顺序不一致。当然，我们可以说已经确定了总论部分，它包括了1992年出版的《正义与法》《司法管辖 审判 诉讼》《债 契约之债Ⅰ》和《阿奎利亚法》，但其具有与众不同的特点，因为一方面，其代表了盖尤斯《法学阶梯》和优士丁尼《法学阶梯》的模式（有关于司法和法的规范，以及有关人的规范）与德国的潘德克吞模式（有关法律行为的规范）之间的融合，另一方面，它包括了原始文献中有关民事诉讼的内容，在上述两种模式中均没有该体系设计，故而它更接近于《学说汇纂》（因此也是罗马裁判官告示）的体系方案。该丛书的分论部分也采用了一种混合顺序，即按顺序处理家庭法、物与物权、契约和不法行为之债，基本上是盖尤斯《法学阶梯》及优士丁尼《法学阶梯》的体系。通过在典型合同之前嵌入债的一般规则和契约制度，该体系使得现代民法

典（例如，法国、意大利、瑞士、西班牙的《民法典》）受到很大启发。遗产继承放置在最后的位置，即最后一册（第Ⅴ册）中，则体现出《德国民法典》的潘德克吞体系的特点。

将这套丛书对私法以外的罗马法分支领域开放的决定，在今天看来，我认为依然非常重要。其包括《债 契约之债Ⅱ》中所提及的"商法"、《债 私犯之债（Ⅱ）和犯罪》所涉及的刑法内容以及《公法》中从广义上讲包含的行政法的各种表述（财政、军事、教会以及与官僚机构和行业组织等有关的行政法内容）。这是一个大胆的行动，它超越了编纂民法典的目标，并伴随着其后若干年内对罗马公法著作和教材的翻译而取得了相当大的成功。

如果说我上述描述的是我们通过出版这套丛书而取得的具体成果，那么在这些成果的背后则是人，是克服了工作中许多困难的团队精神。现在，这套丛书通过商务印书馆又以崭新的面貌问世，再一次发挥了这一团队精神的作用，它诠释了这一完美的组合。

其一，人。这些来自中国大学的年轻学者们，他们来到罗马，在经过与我们相互认识的最初时刻后，便立即集中精力，非常认真地投入他们的学习和研究中，并展示出了伟大的人格魅力。我们小组成员之间建立起了伟大的友谊，这种友谊在他们返回中国后依然延续着，他们每个人分别在北京、上海和厦门的大学执教并获得了耀眼的成就。在多年的合作中，我们分享了个人和家庭的生活经历，学会了理解对方、尊重对方不同的思维方式和文化传统。我记得我们初识黄风，他是乘坐沿西伯利亚铁路运行的列车抵达罗马的；初识米健和丁玫，他们下飞机时身着颇具中国风格的制服；初识费安玲和徐国栋时，他们汲取了之前到达罗马的学者们的经验，

已经显得不那么迷茫了；初识张礼洪时，他当时看起来像一个少年，比他24岁的实际年龄要年轻得多。即使在二十多年后的今天，我们的感情和友谊依然很牢固，尽管彼此见面变得愈加困难。

其二，团队精神。为了实施如此雄心勃勃的翻译计划，我们必须要在团队中形成强大的凝聚力。这需要通过我们之间的不断互动来实现。在每次讨论中，我都能了解到年轻的中国学者的文化和思维方式的许多方面，而他们对意大利的看法也是如此。通过这种方式，我们成功地营造了恰当的合作氛围，同时尊重了我们每个人的个性。这是我生命中的快乐时刻，我非常怀念这些时刻。

其三，工作困难。从理论上讲，这个翻译计划的构思非常好，但在操作中，其实施方法、语言和术语方面的许多障碍都需要我们去克服。

首先是方法。在年轻的中国学者自己做罗马法原始文献的拉丁文文本翻译的情况下，我们是仅讨论其遇到的疑惑，还是要校对所有的内容？我们的选择是：不管有什么疑问，都要校对全部翻译内容。

其次是语言。从拉丁文直接翻译成中文，无法使用英语甚至意大利语作为媒介，因此我们更倾向于借助朱赛佩·德拉奇纳不可替代的语言天赋（中国人也很钦佩他），逐字逐句地校对拉丁文与中文的对应关系的准确性。

最后是术语。罗马法中有着大量的词汇和术语表达（在罗马法传统国家而且不限于这些国家的民法中几乎都出现），由于有多重意思，所以缺少或没有整合出与之对应的中文是常见情况。因此，我们的努力是逐步建立一个具有最大统一性的拉丁文-中文法律词

汇表，以20世纪20年代和30年代最重要的中国罗马法学家们的选择为基础，在必要时进行创新。在没有可供选择的情况下，新词被创造出来。当然，研究台湾地区和澳门地区的术语翻译经验也是必要的，因为其民法术语是从罗马法继受过来的，或者是引入全新的术语。遗憾的是，我们没有时间将我们的这份词汇表作为这套丛书的附录出版，但我们确信，它十分有助于中国的罗马法和民法术语的统一化。

这套丛书的初版自1992年问世以来，28年的时光转眼即逝。在此期间发生了很多事情：越来越多重要的罗马法文本或与之相关的文献被翻译成中文；许多新的年轻中国学者来到意大利，通过攻读法学博士学位来完善他们的罗马法和民法研究，他们几乎都是上个世纪90年代来意大利的当时尚年轻的中国学者——现今已是著名学者——的学生（其中有的学生还是他们的子女）；朱赛佩·德拉奇纳现在担任重要的行政职务；我自己也离开了罗马托尔·维尔卡塔大学，在比萨大学法学院做了教授，在那里我找到了许多其他的兴趣点。

中国一直在迅速整合和更新其民法立法，并着手编纂《民法典》，该法典最终于2020年5月通过。在中国不少的法学院都开设了罗马法课程，许多学生都在学习罗马法。然而，近几年来，我有一种悲哀的感觉，罗马法被认为不那么重要了，而且好像在中国对未来法学家的培养中对罗马法不再有兴趣了。在我最近一次对一些中国大学做学术访问时，有人问我，现在研究罗马法有什么意义，因为了解现代法律制度要有用得多，我们为什么还要看过去的"死法"，当今世界，包括法律，都要面对未来和新技术。我认为

这种思维方式完全受制于眼前的实际效用，这是很危险的。这种思维也会使他们远离我们以巨大奉献所形成的且给予其生命力的这套丛书。

如今，这套丛书新版的问世展示出罗马式教育对新生代法学家教育所赋予的生命力。对当代重要基本原则，如诚信、公平和效用等的历史渊源的理解，对基本术语，如物权、债、遗产继承等的理解，对大陆法系和英美法系许多规则和制度，如契约、遗嘱、侵权行为等渊源的分析，这套丛书不仅提供了考古学般的碎片，更是为获得分析和解决当今法律问题甚至是与网络发展紧密相关的问题的能力，提供了不可或缺的工具。与此同时，这套丛书也提醒我们，不要忽略法律体系的独特性和一致性。

阿尔多·贝特鲁奇

2020 年 10 月 20 日于比萨

（费安玲　译）

新版译者说明

本书曾于1998年以"民法大全选译"《法律行为》为书名由中国政法大学出版社出版,其中有53条法言采用只收录定位坐标、作者、书名、卷数的方式进入该书。当时的考虑是,"民法大全选译"的11个分册是一个整体,一个法言被某一分册收录了,其他分册也要收录,只让前者收录文本,后者收录定位坐标等而已,以此避免重复。

2020年4月,商务印书馆决定以双语版的方式再版"民法大全选译"11个分册中的一些分册,我翻译的《法律行为》荣幸入选。由于并非所有的分册都入选,过去的一个法言只能由一个分册收录的方式不能满足读者的需要,为此,我斗胆把"民法大全选译"其他译者译的53条法言录入书稿,共有5 073个字。其中,来自丁玫翻译的《契约之债与准契约之债》42条,费安玲翻译的《婚姻·家庭和遗产继承》7条,黄风翻译的《正义和法》3条,范怀俊翻译的《物与物权》1条。由于这种借用,我对这四位同事充满感激之情。当然,"录入"并非完全照抄,对于这些借用的文字,我都仔细核对了有关的拉丁文本,做了必要的修订,但这样的工作,也比完全重译简单得多。

新版译者说明

要感谢的是，贝特鲁奇教授修改了我翻译的本书的拉丁文目录。斯奇巴尼教授提供了本书附录一和附录二的拉丁文版本。

另外，从《学说汇纂》的翻译自刘家安翻译的第 18 卷（关乎买卖合同）开始进入整卷翻译阶段后，本书收录的法言中的一些，又在一些单卷本中得到重译，例如罗智敏翻译的第 1 卷、陈晓敏翻译的第 2 卷、窦海阳翻译的第 4 卷、吴鹏翻译的第 5 卷、翟远见翻译的第 12 卷、张长绵翻译的第 13 卷、李超翻译的第 16 卷、刘家安翻译的第 18 卷、胡东海翻译的第 22 卷、罗冠男翻译的第 23 卷、黄美玲翻译的第 24 卷、贾婉玲翻译的第 41 卷。在重整本书的过程中，我参考了这些译者对于有关法言的新译文，为此，我对他们充满感激。

顺便要说明，本书收录的一些重要法言，经过了优士丁尼的法典编纂班子的"添加"，本身并不完全可解。幸运的是，这些法言中的一些，得到了澳门大学的吴奇琦博士、苏州大学的赵毅教授[①]的仔细校勘和解读。我在重译这些法言时，大大地参考了他们的研究成果，为此也对他们充满感激。

与此相关的是后世的抄书手对本书收录的一些法言的误抄（包括想当然地增加文字），对此，蒙森的《学说汇纂》校勘本会以注释指出并建议删掉被误植的文字。在本书的 1998 年版中，我都以注释反映蒙森的校勘成果。此版为了增加译文的可读性，直接根据蒙森的校勘意见处理了待译的法言。

---

① 例见吴奇琦：《民法中的哲学：民法上实质（Substantia）与本质（Essentia）理论的古典哲学起源与演变》（2018 年澳门大学博士学位论文）。赵毅：《论本质错误：以罗马法为中心》，《北方法学》2013 年第 4 期。

还要指出，本书 1998 年版的编者对收录的法言中的有些做了剪裁，去掉了其中与法律行为无关或关系较远的文字。本版采用双语形式，为了避免拉丁语版的有关法言"完整"而中译文不"完整"的情况，我利用这次重整书稿的机会补译了有关法言中被 1998 年版的编者剪裁掉的部分。

最后要说的是，这次重整译稿，去掉了初版中的"凡例"，旨在担起译者的责任，减少读者跟随译者考据文本的辛劳，增加译文的可读性和可引用性。

本书的附录一是"优士丁尼《学说汇纂》总目录"。自 1998 年以来，桑德罗·斯奇巴尼教授组织留意学者把 50 卷中的 16 卷翻译成中文并出版，它们是罗智敏翻译的第 1 卷、陈晓敏翻译的第 2 卷、窦海阳翻译的第 4 卷、吴鹏翻译的第 5 卷、米健、李钧翻译的第 9 卷、翟远见翻译的第 12 卷、张长绵翻译的第 13 卷、李超翻译的第 16 卷、李飞翻译的第 17 卷、刘家安翻译的第 18 卷、徐铁英翻译的第 21 卷、胡东海翻译的第 22 卷、罗冠男翻译的第 23 卷、黄美玲翻译的第 24 卷、贾婉婷翻译的第 41 卷、薛军翻译的第 48 卷。《学说汇纂》总目录在这次再版之际根据这些单卷译本的目录译法进行了调整，因为这些译者是在翻译每个标题的内容后再译出目录，是研究性的翻译。

经过 22 年的修炼，我对本书收录的所有法言的认识都有所提高。在准备双语再版稿的过程中，我都对它们进行了校订，改正了一些错误，反映了一些新知，例如对纯粹行为制度的新知，罗马法学家已把这一领域开拓为熟地，但它对于我国学者基本还是一片处女地，导致我在 22 年前把这种行为误解为"适法行为"，其他中国

新版译者说明

学者在这一问题上也错得跟我一样。此版让我有幸改正这一错误。

在结束这个"说明"之际，我难以抑制地想表达对斯奇巴尼教授的感谢。他在我初译本书时的一些教导言犹在耳。例如，"翻译是第一次占有""法律行为有遗嘱和合同两个来源，两者带给法律行为制度不同的特性"等等。尽管今人见到的法律行为制度来自德国学者的创制，但罗马法学家为他们提供了出发点，例如纯粹法律行为制度，罗马人早已对这一制度运用自如，德国人悟得其神髓而已。所以，把《国法大全》关于法律行为的法言集成一册，毫无溢美罗马人的意义，只是客观揭示罗马人对于建构法律行为制度的贡献而已。

徐国栋

2020 年 11 月 22 日于胡里山炮台之侧

1998 年版说明

　　"民法大全选译"的这一第一部分第三分册，把"法律行为"作为书名。在《市民法大全》中，没有一个部分具有这样的标题；在许多现代民法典中，也不包括这一部分（例如 1804 年的《法国民法典》、1865 年的《意大利民法典》和 1942 年的《意大利民法典》、1855 年的《智利民法典》，采用这种模式的还有《厄瓜多尔民法典》、《哥伦比亚民法典》、1870 年的《墨西哥民法典》和 1928 年的《墨西哥民法典》）。而现代的法学著作通常包括这一部分，或包括一个法律制度赋予法律效果的一般前提的论述，而有些民法典也把它包括在总则部分（例如 1900 年的《德国民法典》；1917 年的《巴西民法典》，但该法典提到了法律事实和法律行为；1984 年的《秘鲁民法典》，该法典也提到了"法律行为"）。

　　罗马法学家使用过 Negotium[①] 一词，他们还使用过 Actus[②]、Factum[③] 这些词。但它们在罗马法中，并没有专门术语的意义，它们仅仅在很少的场合获得这样的意义，而且是在与其他词相结合、

---

① Negotium，意为"交易""行为""事务"。
② Actus，意为"行为""文书"。
③ Factum，意为"行为""事实"。

与之构成了某种专业术语后才是如此（例如，Negotium gestio[①]、Actus legitimus[②]、Actio in factum[③]）。事实上，罗马法学家在法律赋予所有一般的行为以法律效果的前提（事件和人的行为）问题上，并没有达成一个一以贯之的学术概念，由于这个原因，他们没有确定上述词语的专业术语的、协调一致的、精确的含义，而这是在中世纪和现代才完成的事情。

但罗马法学家深刻地研究了意思问题、意思的正常形成及其正确表达问题，以及由此而来的它们的可能的缺陷问题、形式问题、原因问题、无效问题、附加因素问题、解释问题、通过第三人的行为问题，他们是在对各种类型的契约［尤其是要式口约（Stipulatio）和买卖］、遗嘱和交付（Traditio）进行的深入分析中完成上述研究的。尽管用的是另外的名称，他们也遇到了诸如无效行为向有效行为的转化，以便从无效中保全其在意思或原因方面的内核的问题。此外，由于他们对一个平等主体的社会的根本的、最高的和支配性的原则的接受，并由于他们在建构和体系化方面的出色的敏感，他们完成了出色的严谨的体系，这些体系，有的采用了含蓄的形式，有的仅仅开了一个头，它们可以构成后世的发展的基础。

中世纪时代的法学家（注释法学派和评注法学派）和现代的法学家（西班牙的经院派法学家、自然法学派的法学家、潘得克吞

---

① Negotium gestio，意为"事务之管理"，后转义为"无因管理"。
② Actus legitimus，意为"纯粹行为"，指不能附加条件、期限和负担的行为。
③ Actio in factum，意为"基于事实之诉"。

学派的法学家）利用了由罗马法学家完成的这一深刻的、极为珍贵的成果，他们选择并完成了在这一成果中确定的原则和规则，他们因此完成了某些原则和规则的要点的概括或其他原则和规则的要点的集中。这样，在从中世纪到现代的几个世纪中，这些体系被建构成了"法律事实""适法的法律行为""不适法的法律行为""法律行为"的普遍的体系化的范畴，这些范畴的最重要的规则和可能是必要的例外得到了讨论和确定。特别值得注意的是，这一工作在现代达到了成熟，在 19 世纪完成的这一成果，尤其强调被个人主义地考虑的人的"自由意思"的价值。伯纳德·温德沙伊德（B. Windscheid）曾把法律行为定义为"旨在产生法律效果的私人意思表示"。后来在 20 世纪，法律行为被强调为以法律行为达成的利益的自我调节，在最重要的方面，它被看作行使"私人自治"的工具。

本书对原始文献的选择，适应了上面谈到的构成罗马法的现代发展的观点，这是我在"民法大全选译"的第一部分第一分册的《致中国读者》一文中已经明确指出过的，[①] 它肯定是一个在大多数方面与古代法学家和优士丁尼的阐述秩序和概念体系存在距离的声部，尽管这一声部是植根在这些阐述顺序和概念体系之中的。由于这一原因，在阅读这一分册时要注意：包括在这一分册中的原始文献，原来是关系到更加狭窄的问题的，例如各种契约的要义，转让行为或物权的设立、遗嘱、遗赠等等。一方面，这一分册受到其他分册中涉及的、可以被改造为法律行为之范畴的合法的法律行为的原始文献的补充；另一方面，它被用来丰富各分册中涉及的对各

---

① 参见桑德罗·斯奇巴尼选编:《正义和法》，黄风译中国政法大学出版社 1992 年版，第 8—9 页。

种具体法律行为的论述，换言之，可以这样说，包括在这一分册中的原始文献，可以被理解成"具有双重作用的读物"：首先，它是把每一片段的原始文献的内容下降到与该片段因之写作的特定制度的关系中的读物；其次，它是把每一片段的原始文献的内容加以概括，以便从中挖掘出一个一般的法律行为的规则的读物。

原始文献的筛选工作最初是由那波利大学的罗马法教授 E. 鸠弗雷（Giuffré）完成的，后来由我和阿尔多·贝特鲁奇博士加以补充。从拉丁文的翻译是徐国栋教授·博士进行的，经过了由阿尔多·贝特鲁奇博士和朱赛佩·德拉奇纳博士组成的意大利工作小组的校对。这一工作是在罗马，在徐国栋教授·博士经国家科研委员会资助的一个长的研究居留期间，在罗马第二大学罗马法教研室，在中国政法大学与罗马法传播研究组的协议的框架内进行的。这一分册的出版，也是在这一框架的范围内通过国家科研委员会的资助实现的。

桑德罗·斯奇巴尼

1997 年 12 月 25 日于罗马

目　　录

目 录

目　录

目　录

法的一般规范 I

1. De Variis actibus

D. 50. 16. 19   Ulpianus 11 ad ed.

Labeo libro primo praetoris urbani definit, quod quaedam 'agantur',
quaedam 'gerantur', quaedam 'contrahantur' : et actum quidem generale
verbum esse, sive verbis sive re quid agatur, ut in stipulatione vel numera-
tione: contractum autem ultro citroque obligationem, quod graeci sunallagma vocant, veluti emptionem venditionem, locationem conductionem,
societatem: gestum rem significare sine verbis factam.

D. 2. 14. 1pr.   Ulpianus 4 ad ed.

Huius edicti aequitas naturalis est. quid enim tam congruum fidei
humanae, quam ea quae inter eos placuerunt servare?

D. 2. 14. 1. 1   Ulpianus 4 ad ed.

Pactum autem a pactione dicitur (inde etiam pacis nomen appell-
atum est).

D. 2. 14. 1. 2   Ulpianus 4 ad ed.

Et est pactio duorum pluriumve in idem placitum et consensus.

D. 2. 14. 1. 3   Ulpianus 4 ad ed.

Conventionis verbum generale est ad omnia pertinens, de quibus
negotii contrahendi transigendique causa consentiunt qui inter se

1. 各种法律行为

D. 50, 16, 19　乌尔比安:《告示评注》第 11 卷

拉贝奥在其《内事裁判官告示评注》第 1 卷中做了如下定义：有些事的实施是"行为"；有些事的实施是"执行"；有些事的实施是"订约"。确实，"行为"是一个一般的术语，不论某事是通过言辞实施的还是通过交付物实施的，前者如要式口约，后者如借贷，都为这一术语包括。但合同是某种涉及双务之债的东西，希腊人称之为 συνάλλαγμα①，例如买卖、租赁和合伙；"执行"指某事不通过言辞实施。

D. 2, 14, 1pr.　乌尔比安:《告示评注》第 4 卷

这一告示包含自然的公平。有什么比遵从人们共决之事更符合人的信义呢？

D. 2, 14, 1, 1　乌尔比安:《告示评注》第 4 卷

人说简约一词来自于协定，和平一词与该词同源。

D. 2, 14, 1, 2　乌尔比安:《告示评注》第 4 卷

简约是两个或更多当事人就同一决定达成的合意。

D. 2, 14, 1, 3　乌尔比安:《告示评注》第 4 卷

协议是一个一般的词汇，它适用于并来源于一切为缔结或谈妥交易在行为人之间达成同意的事情，因为正像从不同的地方被

---

① 古希腊文，指法律行为的双方给付相互依赖的情况，为双务合同之意。(从此处起，脚注均为译者注。)

agunt: nam sicuti convenire dicuntur qui ex diversis locis in unum locum colliguntur et veniunt, ita et qui ex diversis animi motibus in unum consentiunt, id est in unam sententiam decurrunt. adeo autem conventionis nomen generale est, ut eleganter dicat Pedius nullum esse contractum, nullam obligationem, quae non habeat in se conventionem, sive re sive verbis fiat: nam et stipulatio, quae verbis fit, nisi habeat consensum, nulla est.

D. 2. 14. 1. 4   Ulpianus 4 ad ed.

Sed conventionum pleraeque in aliud nomen transeunt: veluti in emptionem, in locationem, in pignus vel in stipulationem.

D. 2. 14. 5   Ulpianus 4 ad ed.

Conventionum autem tres sunt species. aut enim ex publica causa fiunt aut ex privata: privata aut legitima aut iuris gentium. publica conventio est, quae fit per pacem, quotiens inter se duces belli quaedam paciscuntur.

D. 2. 14. 6   Paulus 3 ad ed.

Legitima conventio est quae lege aliqua confirmatur. et ideo interdum ex pacto actio nascitur vel tollitur, quotiens lege vel senatus consulto adiuvatur.

D. 2. 14. 7pr.   Ulpianus 4 ad ed.

Iuris gentium conventiones quaedam actiones pariunt, quaedam exceptiones.

D. 2. 14. 7. 1   Ulpianus 4 ad ed.

Quae pariunt actiones, in suo nomine non stant, sed transeunt in proprium nomen contractus: ut emptio venditio, locatio conductio, societas, commodatum, depositum et ceteri similes contractus.

召集并来到一个地方的人被说成是汇合一样，从不同的内心动机出发就一件事情达成了同意，换言之，达成了一个意见的人也是如此。而协议的理由具有极大的基础性，佩丢斯合乎逻辑地说：本身不具有协议的活动，不论是以交付物还是通过言辞达成的，不产生任何合同，不产生任何债。事实上，以言辞达成的要式口约，如果没有达成合意，也是无效的。

D. 2, 14, 1, 4　乌尔比安：《告示评注》第 4 卷

但协议通常以别的名目存在，例如出售、出租、出质或要式口约。

D. 2, 14, 5　乌尔比安：《告示评注》第 4 卷

协议有三种，要么是由于公的原因订立，要么由于私的原因订立。私的协议或是合法的；或是万民法上的。公的协议是为了媾和，在作战的统帅们之间就某些事情订立的。

D. 2, 14, 6　保罗：《告示评注》第 3 卷

合法协议是得到某些法律确认的协议。因此，一旦它们符合法律或元老院决议，有时从简约产生或消灭诉权。

D. 2, 14, 7pr.　乌尔比安：《告示评注》第 4 卷

万民法上的协议，有的产生诉权，有的产生抗辩。

D. 2, 14, 7, 1　乌尔比安：《告示评注》第 4 卷

产生诉权的协议，并无自己的名称，但它们化作了专门的合同的名称，例如买卖、租赁、合伙、使用借贷、寄托和其他类似的合同。

D. 2. 14. 7. 2   Ulpianus 4 ad ed.

Sed et si in alium contractum res non transeat, subsit tamen causa, eleganter Aristo Celso respondit esse obligationem. ut puta dedi tibi rem ut mihi aliam dares, dedi ut aliquid facias: hoc sunallagma esse et hinc nasci civilem obligationem. et ideo puto recte Iulianum a Mauriciano reprehensum in hoc: dedi tibi Stichum, ut Pamphilum manumittas: manumisisti: evictus est Stichus. Iulianus scribit in factum actionem a praetore dandam: ille ait civilem incerti actionem, id est praescriptis verbis sufficere: esse enim contractum, quod Aristo sunallagma dicit, unde haec nascitur actio.

D. 2, 14, 7, 2   乌尔比安:《告示评注》第 4 卷

但即使一个交易未采用典型合同的形式，但具有原因，阿里斯托合乎逻辑地答复杰尔苏：债存在。例如，我给你一个物，是为了让你给我另一个物；我给付是为了让你做某事，这是一个 συνάλλαγμα，从它产生市民法上的债。因此，我认为尤里安在如下案件中受到毛里奇安努斯[①]的反驳，也是正当的：我给你斯提库斯，是为了让你解放班菲鲁斯，你已经作了解放，而斯提库斯被他人追夺。尤里安写道：裁判官必须授予基于事实的诉权。毛里奇安努斯说，市民法上的不确定诉权，换言之，依相当给付之诉，足矣！由于有阿里斯托所说的 συνάλλαγμα，产生了诉权。

[①]   安东尼努斯·皮尤斯皇帝时代的法学家。著有《尤里安的〈学说汇纂〉注解》。他在这一法言中所说的话，显然是在这本注释书中表达的对被注释者的批评。

2. De Capacitate agendi

D. 44. 7. 43   Paulus 72 ad ed.

Obligari potest pater familias suae potestatis pubes compos mentis: pupillus sine tutoris auctoritate non obligatur iure civili: servus autem ex contractibus non obligatur.

D. 45. 1. 101   Modestinus 4 de praescr.

Puberes sine curatoribus suis possunt ex stipulatu obligari.

D. 44. 7. 1. 12   Gaius 2 aur.

Furiosum, sive stipulatur sive promittat, nihil agere natura manifestum est.

2. 行为能力

D. 44, 7, 43　保罗:《告示评注》第 72 卷

自权的和心智健全的家父可以承担债务。非经监护人的授权,被监护人不能承担市民法上的债。此外,奴隶不受合同之债之约束。

D. 45, 1, 101　莫德斯丁:《论取得时效》第 4 卷

适婚人不经过其保佐人,可以订立要式口约承担债。

D. 44, 7, 1, 12　盖尤斯:《金言集》第 2 卷

明显基于自然的是:精神病人,不管他是作为债务人,还是作为债权人,不能有效地为任何行为。

3. De forma recta voluntatis et demonstratione

3. 1 De forma voluntatis et declarationem
(D. 2. 14 ; 33. 10 ; 44. 7 ; 50. 17)

D. 50. 17. 142　Paulus 56 ad ed.

Qui tacet, non utique fatetur: sed tamen verum est eum non negare.

D. 2. 14. 2pr.　Paulus 3 ad ed.

Labeo ait convenire posse vel re: vel per epistulam vel per nuntium inter absentes quoque posse. sed etiam tacite consensu convenire intellegitur.

D. 44. 7. 3. 2　Paulus 2 inst.

Verborum quoque obligatio constat, si inter contrahentes id agatur: nec enim si per iocum puta vel demonstrandi intellectus causa ego tibi dixero 'spondes ?' et tu responderis 'spondeo', nascetur obligatio.

D. 50. 17. 76　Papinianus 24 quaest.

In totum omnia, quae animi destinatione agenda sunt, non nisi vera et certa scientia perfici possunt.

D. 33. 10. 7. 2　Celsus 19 dig.

Servius fatetur sententiam eius qui legaverit aspici oportere, in quam rationem ea solitus sit referre: verum si ea, de quibus non ambigeretur, quin in alieno genere essent, ut puta escarium argentum

3. 意思的正当形成和准确表示

3.1 意思的形成及其宣示
（D. 2, 14；33, 10；44, 7；50, 17）

D. 50, 17, 142　保罗：《告示评注》第 56 卷

沉默者一定未表示承认，但肯定未表示否认。

D. 2, 14, 2pr.　保罗：《告示评注》第 3 卷

拉贝奥说：可通过交付物达成协议，不在场的人之间也可通过书信或信使达成协议。但人们认为，也可通过默示的合意达成协议。

D. 44, 7, 3, 2　保罗：《法学阶梯》第 2 卷

口头之债也基于缔约双方的缔结债的心素成立，当然，如果在开玩笑或是在拍戏时，我问你"允诺否？"，你回答"允诺"，并不因此产生债。

D. 50, 17, 76　帕比尼安：《问题集》第 24 卷

总而言之，一切必须以心灵的决定去实施的行为，只有在真正、确定认知的情况下，才能实施。

D. 33, 10, 7, 2　杰尔苏：《学说汇纂》第 19 卷

塞尔维尤斯承认：在确定遗赠人的词句的意思时，要考虑他通常指称的范畴。但如果某人习惯于把那些毫无疑问属于别的种类的东西——例如银餐具、斗篷以及长袍——写成家具，不必因

aut paenulas et togas, supellectili quis adscribere solitus sit, non idcirco existimari oportere supellectili legata ea quoque contineri: non enim ex opinionibus singulorum, sed ex communi usu nomina exaudiri debere. id Tubero parum sibi liquere ait: nam quorsum nomina, inquit, nisi ut demonstrarent voluntatem dicentis? equidem non arbitror quemquam dicere, quod non sentiret, ut maxime nomine usus sit, quo id appellari solet: nam vocis ministerio utimur: ceterum nemo existimandus est dixisse, quod non mente agitaverit. sed etsi magnopere me Tuberonis et ratio et auctoritas movet, non tamen a Servio dissentio non videri quemquam dixisse, cuius non suo nomine usus sit. nam etsi prior atque potentior est quam vox mens dicentis, tamen nemo sine voce dixisse existimatur: nisi forte et eos, qui loqui non possunt, conato ipso et sono quodam καὶ τῇ ἀνάρθρῳ φωνῇ dicere existimamus.

3. 2   De simulatione

(D. 18. 1/2 ; 19. 2 ; 24. 1 ; 41. 2 ; 44. 7 ; C. 4. 2/22 ; 8. 27)

C. 4. 22. 2   Imperatores Diocletianus, Maximianus

Acta simulata, velut non ipse, sed eius uxor comparaverit, veritatis substantiam mutare non possunt. quaestio itaque facti per praesidem examinabitur provinciae.

* Diocl. et Maxim. aa. et cc. Soteri. * <a 294 d. x k. mai. cc. conss. >

此认为，如果遗赠家具，这些东西也被包括在内，因为不应根据个人的意见，而应根据普通的用法来理解各种名称。杜贝罗说他对此不大明白。他说，名称如果未表明说话人的意思，它们还有什么用呢？老实说，我并不相信一个人说了他未想到的事情，如果他用了人们通常用来称呼此事的名称，尤其如此，因为我们通过语言的帮助来交际。无论如何，不得认为任何人说了他未进行过思维的东西。但尽管杜贝罗的论断和观点很让我感动，却不能使我反对塞尔维尤斯的未使用一个事物的名称的人不得被认为说了该事物的观点。因为虽然说话者的意思优先于并强于其言辞表达，但任何人不得被认为不用言辞表达就说了话。例外的是那些不能说话的人，我们也认为他们以意图本身、声音和某种 καὶ τῇ ἀνάρθρῳ φωνῇ[①] 说了话。

3.2 虚假表示
（D. 18, 1/2；19, 2；24, 1；41, 2；44, 7；C. 4, 2/22；8, 27）

C. 4, 22, 2 戴克里先及马克西米安皇帝致索特鲁斯
造假的文件，例如声称不是他自己而是其妻子作了购买的文件，不能改变实质真实，因此，事实问题将由法官或行省总督进行调查。

（发布于 294 年 4 月 22 日，其时也，上述恺撒[②]担任执政官）

---

① 古希腊文，意思是"口齿不清的喊叫"。
② 在罗马法原始文献中，"恺撒"同"元首""奥古斯都"一样，都是皇帝的意思。

C. 4. 22. 4   Imperatores Diocletianus, Maximianus

Si quis gestum a se fecerit alium egisse scribi, plus actum quam scriptum valet.

* Diocl. et Maxim. aa. et cc. Decio. * <a 294 d. viii k. dec. cc. conss. >

D. 44. 7. 54   Modestinus 5 reg.

Contractus imaginarii etiam in emptionibus iuris vinculum non optinent, cum fides facti simulatur non intercedente veritate.

D. 18. 1. 55   Paulus 2 ad ed. aedil. curul.

Nuda et imaginaria venditio pro non facta est et ideo nec alienatio eius rei intellegitur.

D. 18. 2. 4. 5   Ulpianus 28 ad sab.

Cum igitur tunc recedatur ab emptione (ubi pure contrahitur) vel tunc non impleatur (ubi sub condicione fit) cum melior condicio sit allata: si falsus emptor subiectus sit, eleganter scribit Sabinus priori rem esse emptam, quia non videtur melior condicio allata esse non existente vero emptore. sed et si existat alius emptor, meliorem tamen condicionem non adferat, aeque dicendum erit perinde haberi, ac si non existeret.

C. 8. 27. 10pr.   Imperatores Diocletianus, Maximianus

Et qui sub imagine alterius personae, quam supposuerat, iugiter tenet, cum sibi negotium gerat, alienasse non videtur. iure enim pignoris obligatum praedium neque si per subiectam personam creditor comparaverit neque si sibi addixerit, debitori adfert praeiudicium, sed in eadem causa permanet, in qua fuit ante huiusmodi collusionem.

C. 4, 22, 4　戴克里先及马克西米安皇帝致德丘斯

如果某人坚持他做的一件事情是别人做的，实际的行为比文字记载有更大的效力。

（发布于 294 年 11 月 23 日，其时也，上述恺撒担任执政官）

D. 44, 7, 54　莫德斯丁:《规则集》第 5 卷

虚构的合同，即使为买卖性质，也不导致法锁，因为事实的样子是伪造出来的，与真相不符。

D. 18, 1, 55　保罗:《营造官告示评注》第 2 卷

有名无实的出售即虚构的出售，视为未进行，因此，交易的物也视为未发生转让。

D. 18, 2, 4, 5　乌尔比安:《萨宾评注》第 28 卷

因此，在由于提出了更好的条件而退出纯粹订立的购买或附条件缔结的、但条件尚未成就的购买的情况下，如果提出来的新买受人是假的，萨宾合乎逻辑地写道：第一个买受人须买得标的物，因为不存在真实的买受人，不被认为提出了更好的条件。但即使存在另外的买受人，但他未提出更好的条件，必须公正地说：他被视为不存在。

C. 8, 27, 10pr.　戴克里先及马克西米安皇帝致路菲努斯

以受制于其权力的另一人的名义购买了负担了抵押的土地的人，由于他是与自己为交易，视为未发生转让，他继续持有该土地。因为债权人并未通过他管领的他权人购得负担抵押权的土地，该土地也不会判给他，债务人不会受到损害，该土地仍处在发生这样的通谋之前同样的地位。[①]

[①] 这一法言涉及抵押权的实现方式的公正性问题。依罗马法，债权人通常应以拍卖的方式出卖抵押物，以取得较好的价格。但如果实现抵押权的债权人与竞买

3. De forma recta voluntatis et demonstratione

* Diocl. et Maxim. aa. Rufino. * <a 290 pp. iii non. oct. ipsis iiii et iii aa. conss. >

D. 24. 1. 64   Iavolenus 6 ex post. lab.

Vir mulieri divortio facto quaedam idcirco dederat, ut ad se reverteretur: mulier reversa erat, deinde divortium fecerat. Labeo: Trebatius inter Terentiam et Maecenatem respondit si verum divortium fuisset, ratam esse donationem, si simulatum, contra. sed verum est, quod Proculus et Caecilius putant, tunc verum

esse divortium et valere donationem divortii causa factam, si aliae nuptiae insecutae sunt aut tam longo tempore vidua fuisset, ut dubium non foret alterum

esse matrimonium: alias nec donationem ullius esse momenti futuram.

D. 19. 2. 20pr.   Paulus 34 ad ed.

Sicut emptio ita et locatio sub condicione fieri potest:

D. 19. 2. 20. 1   Paulus 34 ad ed.

Sed donationis causa contrahi non potest.

D. 41. 2. 10. 2   Ulpianus 69 ad ed.

Si quis et conduxerit et rogaverit precario, uti possideret, si quidem nummo uno conduxit, nulla dubitatio est, quin ei precarium solum

（发布于 290 年 10 月 5 日，其时也，上述恺撒担任执政官，前者第 4 次担任执政官，后者第 3 次担任执政官①）

D. 24, 1, 64　雅沃伦：《拉贝奥的遗作摘录》第 6 卷

一个男人在与妻子离婚后，给了她某些财产让她回到自己身边。妻子回来了，然后又离婚。拉贝奥：特雷巴丘斯对特伦齐亚与梅切那斯的案子解答——如果离婚是真实的，赠与有效；如果离婚是虚假的，则相反。但普罗库鲁斯和切齐流斯的意见是正确的：离婚当时是真实的，为离婚所作的赠与有效，但以她随后缔结了另外的婚姻，或她居孀的时间长到让人相信婚姻已解除为条件，否则，赠与不生任何效力。①

D. 19, 2, 20pr.　保罗：《告示评注》第 34 卷

像可附条件缔结买受一样，也可附条件缔结租赁。

D. 19, 2, 20, 1　保罗：《告示评注》第 34 卷

但不可为实现赠与而缔结租赁。

D. 41, 2, 10, 2　乌尔比安：《告示评注》第 69 卷

如果某人租得一个物，并请求以不确定使用借贷的名义占有该物，如果他确实是以一个铜板的价格租得的该物，毫无疑问，

（接上页）人通谋，则拍卖达不到上述目的，债务人的利益将受到损害，因此应对这种情况做出禁止。在这一法言涉及的情况中，债权人出卖被抵押的土地，但把它卖给了从属于自己的权力的人，由于他权人没有自己的人格，债权人实际上是与自己为交易，目的在于以低价出售债务人的土地为自己谋取利益，交易属于与第三人勾结损害相对人利益的行为，被立法者判定为无效。从意思表示的角度来看，从属于债权人的人表面上为自己购买土地，实际上是为他人购买土地，他所作的是虚假的意思表示，该法律行为因这一缺陷无效。

① 在古罗马，禁止夫妻之间为赠与，以保障夫妻的继承人的利益。为了规避这一禁令，人们常常以假离婚来作夫妻之间的赠与。这一法言就是讨论这种情况下的赠与行为的效力问题的。

teneat, quia conductio nulla est, quae est in uno nummo: sin vero pretio, tunc distinguendum, quid prius factum est.

C. 4. 2. 6pr. Imperatores Diocletianus, Maximianus

Si ex pretio debitae quantitatis facta novatione per stipulationem usuras licitas contra quem supplicas stipulatus es, falsa mutuae datae quantitatis demonstratio praemissa, cum obligationis non defecerat substantia, quominus usque ad modum placitum usurae possint exigi, nihil nocet.

* Diocl. et Maxim. aa. et cc. Nicandro. * <a 293 s. xv k. dec. aa. conss. >

他拥有的只是不确定使用借贷，因为以一个铜板为价格的租赁无效。如果租赁是按真实的价格缔结的，必须把它与先缔结的不确定使用借贷区分开来。

C. 4, 2, 6pr.　戴克里先及马克西米安皇帝致尼坎德尔

如果你的相对人欠你一定数量货物的价款，后来订立要式口约规定现在已成为你的被告的此等相对人要给付欠款的合法利息，而先前讲到的关于给付一定数量的借贷的陈述是虚假的，由于债并非没有实质，你可无任何阻碍地要求你们商定比例的利息。[①]

（发布于 293 年 11 月 17 日，其时也，上述恺撒担任执政官）

[①]　这是一个比较难懂的法言。把紧接着的 C. 4, 2, 6, 1 翻译出来，可帮助理解。"但如果没有要式口约的法锁，仅仅写了给予现金借贷，并就偿付利息达成了协议，由于虚假的表示被认为如同没有进行，你们以这种方式所做的商定，丝毫不能改变以前订立的债。"把两个法言结合起来理解，可以认为它们是针对这样一个案件发布的：当事人有 AB 两方，他们曾经按照希腊语地区的习惯法缔结了一个买卖合同，买方并未当场付款，按照希腊习惯法，为了使合同成立，出卖人要在买卖合同上附加一个借款合同，由买受人确认出卖人已收到了价金，实际上，此等价金是买受人将来要支付的。后来，他们对这一个债做了更改，债务人或借贷人以要式口约允诺就上述虚拟的借款偿付合法的利息。但后来被证明关于借贷的说明是虚假的，由此发生了以这一虚假的借贷为基础的利息约定是否有效的问题。前一个法言决定：尽管借贷是虚假的，但关于利息的约定有效，因为"债并非没有实质"，也就是说，利息之债是在借贷之债之外以要式口约另外订立的，如果没有就利息订立专门的要式口约，关于利息的约定只有自然债务的效力。这一法言提出的原则是：利息之债取得独立于主债的"实质"，以它采用要式口约的形式为条件，此等口约具有更新的效力。在后一个法言中，尽管当事人就利息作了约定，但没有采用要式口约的形式，利息之债就不独立于主债了。主债因虚假表示无效，利息之债也随之无效。

3. 3 De reservatione mentis
(D. 2. 15)

D. 2. 15. 12 Celsus 3 dig.

Non est ferendus qui generaliter in his, quae testamento ei relicta sunt, transegerit, si postea causetur de eo solo se cogitasse, quod prima parte testamenti ac non etiam quod posteriore legatum sit. si tamen postea codicilli proferuntur, non improbe mihi dicturus videtur de eo dumtaxat se cogitasse, quod illarum tabularum, quas tunc noverat, scriptura continerentur.

3. 4 De errore obstativo
(D. 12. 1 ; 13. 7 ; 28. 1/5 ; 30. 4/75 ; 37. 11 ; 45. 1 ; 50. 17)

D. 50. 17. 145 Ulpianus 66 ad ed.

Nemo videtur fraudare eos, qui sciunt et consentiunt.

D. 12. 1. 18pr. Ulpianus 7 disp.

Si ego pecuniam tibi quasi donaturus dedero, tu quasi mutuam accipias, Iulianus scribit donationem non esse: sed an mutua sit,

3.3 真意保留
（D. 2, 15）

D. 2, 15, 12 杰尔苏：《学说汇纂》第 3 卷

如果某人概括地就以遗嘱遗留①给他的全部财产达成了和解，但后来却推脱说，自己只考虑到了第一个遗嘱作出的遗赠，而未考虑到第二个遗嘱作出的遗赠，这是不能容忍的。但如果后来公布了小遗嘱，我认为，如果他说他只考虑到了当时他知晓的那个遗嘱中所包括的规定，并非不诚实。

3.4 辞不达意的错误
（D. 12, 1；13, 7；28, 1/5；30, 4/75；37, 11；45, 1；50, 17）

D. 50, 17, 145 乌尔比安：《告示评注》第 66 卷
无人认为欺骗了知情并同意的人。

D. 12, 1, 18pr. 乌尔比安：《论断集》第 7 卷
尤里安写道：如果我想送你一笔钱并把这笔钱给了你，而你却当作消费借贷收下此款，赠与不成立。然而，消费借贷是否成

---

① "遗留"（Relinquere）是一个一般的术语，包括把财产留给继承人和受遗赠人两种形式。被继承的财产和被遗赠的财产，人们统称为"遗留物"（Relictum）。

videndum. et puto nec mutuam esse magisque nummos accipientis non fieri, cum alia opinione acceperit. quare si eos consumpserit, licet condictione teneatur, tamen doli exceptione uti poterit, quia secundum voluntatem dantis nummi sunt consumpti.

D. 12. 1. 18. 1   Ulpianus 7 disp.

Si ego quasi deponens tibi dedero, tu quasi mutuam accipias, nec depositum nec mutuum est: idem est et si tu quasi mutuam pecuniam dederis, ego quasi commodatam ostendendi gratia accepi: sed in utroque casu consumptis nummis condictioni sine doli exceptione locus erit.

D. 28. 5. 9pr.   Ulpianus 5 ad sab.

Quotiens volens alium heredem scribere alium scripserit in corpore hominis errans, veluti ‘frater meus’ ‘patronus meus’, placet neque eum heredem esse qui scriptus est, quoniam voluntate deficitur, neque eum quem voluit, quoniam scriptus non est.

D. 37. 11. 8. 2   Iulianus 24 dig.

Sed et cum in praenomine cognomine erratum est, is ad quem hereditas pertinet etiam bonorum possessionem accipit.

D. 28. 1. 21. 1   Ulpianus 2 ad sab.

Si quid post factum testamentum mutari placuit, omnia ex integro facienda sunt. quod vero quis obscurius in testamento vel nuncupat vel scribit, an post sollemnia explanare possit, quaeritur: ut puta Stichum

立呢？我认为，消费借贷也不成立，原因在于这笔钱并未成为收受人的，因为他是基于其他意思收受的这笔钱。因此，一旦他花掉此款，就算他要根据要求给付之诉担责，但他可求诸一般的诈欺抗辩，因为此款是根据给款人的意思花掉的。

D. 12, 1, 18, 1   乌尔比安:《论断集》第 7 卷

如果我为了寄托给付某物于你，而你却当作消费借贷收受之，那么，既不发生寄托，也不发生消费借贷。同样，如果你把一笔钱作为消费借贷交给我，而我当作摆场面的使用借贷收受之，同样不产生任何效力。但在这两种情形中，一旦花掉了金钱，便产生要求给付之诉，被告不得提出一般的诈欺抗辩。

D. 28, 5, 9pr.   乌尔比安:《萨宾评注》第 5 卷

如果由于对人的身份（例如，我的兄弟，我的恩主）发生错误，遗嘱人想写甲却写了乙为其继承人，已决定，他写的乙不是继承人，因为无指定他的意思；他想写的甲也不是继承人，因为遗嘱中未写下他的名字。

D. 37, 11, 8, 2   尤里安:《学说汇纂》第 24 卷

但甚至在对前名 ① 和姓发生错误的情况下，也认可遗产归其所有的人进行遗产占有。

D. 28, 1, 21, 1   乌尔比安:《萨宾评注》第 2 卷

如果某人在订立遗嘱后决定改变某一处分，必须重订整个遗嘱。但如果某人在遗嘱中作了很含糊的宣告或书写，有人问，在订立遗嘱的程序完成后，他是否可以解释他作出的表达？例如，他遗赠斯提库斯，而他拥有几个斯提库斯，也没有声明他想到的

---

① 罗马人的姓名由三个部分构成：第一部分是名，也被称为第一名；第二部分是族名，表示姓名的持有者所属的氏族；第三部分是持有人的姓。例如，Publius Cornelius Scipio，Publius 是名，Cornelius 是族名，Scipio 是姓。

legaverat, cum plures haberet, nec declaravit de quo sentiret: Titio legavit, cum multos Titios amicos haberet: erraverat in nomine vel praenomine vel cognomine, cum in corpore non errasset: poteritne postea declarare, de quo senserit? et puto posse: nihil enim nunc dat, sed datum significat. sed et si notam postea adiecerit legato vel sua voce vel litteris vel summam vel nomen legatarii quod non scripserat vel nummorum qualitatem, an recte fecerit? et puto etiam qualitatem nummorum posse postea addi: nam etsi adiecta non fuisset, utique placeret coniectionem fieri eius quod reliquit vel ex vicinis scripturis vel ex consuetudine patris familias vel regionis.

D. 28. 5. 9. 1   Ulpianus 5 ad sab.

Et si in re quis erraverit, ut puta dum vult lancem relinquere, vestem leget, neutrum debebit hoc, sive ipse scripsit sive scribendum dictaverit.

D. 30. 4pr.   Ulpianus 5 ad sab.

Si quis in fundi vocabulo erravit et Cornelianum pro Semproniano nominavit, debebitur Sempronianus: sed si in corpore erravit, non debebitur. quod si quis, cum vellet vestem legare, suppellectilem adscripsit, dum putat suppellectilis appellatione vestem contineri, Pomponius scripsit vestem non deberi, quemadmodum si quis putet auri

是哪一个斯提库斯；他对蒂丘斯做遗赠，而他有许多叫蒂丘斯的朋友。他对名字或前名或姓发生了错误，而他对所指并未发生错误，后来他能声明他想到的是哪一个人吗？我认为他可以，因为现在他不是做任何给付，而是解释一个已经作出的给付。但如果他后来口头或书面给遗赠加上一个注解，这种注解或者涉及被遗赠物的总数，或者涉及他未曾写上的受遗赠人的名字，或者涉及钱币的品质，他这样做是否正当？而我认为甚至钱币的品质可以在后来作出补充说明，[①] 如果他未作这种补充说明，已决定，就他遗留的财产额，要根据相邻的遗嘱文句、家父的或地区的习惯作出猜测。

D. 28, 5, 9, 1　乌尔比安:《萨宾评注》第 5 卷

而如果某人对物发生错误，例如，在他决定遗留下盘子的情况下，他说遗赠了衣服，在这种情况下，对两者的遗赠都无效，不论遗嘱是他自己写的还是他口授，让人写的。

D. 30, 4pr.　乌尔比安:《萨宾评注》第 5 卷

如果一个人弄错了土地的名号，将森普罗纽斯氏族的土地写成了科尔内流斯氏族的，那么，应给付森普罗纽斯氏族的土地。但是，如果将标的物弄错，则不发生给付义务。如果一个人想遗赠一件衣服，但他写成了家具，因他认为衣服包含在家具的名称内。彭波尼写道：不应给付衣服。这就如同一个人认为"金子"

---

① 罗马人的钱币有金币、银币、黄铜币、铜币四种：金币为 Aureus（7.85 克）；银币有 Denarius（3.76 克）和 Quinarius（1.88 克）；黄铜币有 Sestertius（25 克）和 Dupondius（12 克）；铜币有 As（10.5 克）和 Quadrans（3.15 克）。在罗马人的遗嘱中，通常只说给某人某某个币，并不指明给的是哪种货币，而不同的币种价值相差相当大。因此，在遗嘱的解释中，确定遗嘱人意指的是何种货币，为一重要问题。

appellatione electrum vel aurichalcum contineri vel, quod est stultius, vestis appellatione etiam argentum contineri. rerum enim vocabula immutabilia sunt, hominum mutabilia.

D. 13. 7. 1. 2   Ulpianus 40 ad sab.

Si quis tamen, cum aes pignori daret, adfirmavit hoc aurum esse et ita pignori dederit, videndum erit, an aes pignori obligaverit et numquid, quia in corpus consensum est, pignori esse videatur: quod magis est. tenebitur tamen pigneraticia contraria actione qui dedit, praeter stellionatum quem fecit.

D. 45. 1. 32   Ulpianus 47 ad sab.

Si in nomine servi, quem stipularemur dari, erratum fuisset, cum de corpore constitisset, placet stipulationem valere.

D. 28. 5. 1. 7   Ulpianus 1 ad sab.

Idem Iulianus 'illum heredem esse', non putavit valere, quoniam deest aliquid: sed et ipsa valebit subaudito 'iubeo'.

D. 28. 5. 9. 2   Ulpianus 5 ad sab.

Sed si non in corpore erravit, sed in parte, puta si, cum dictasset ex semisse aliquem scribi, ex quadrante sit scriptus, Celsus libro duodecimo quaestionum, digestorum undecimo posse defendi ait ex semisse heredem fore, quasi plus nuncupatum sit, minus scriptum: quae sententia rescriptis adiuvatur generalibus. idemque est et si ipse testator minus scribat, cum plus vellet adscribere.

一词中包括琥珀金和镀金铜在内，抑或（这件事是更愚笨的）认为在"衣服"中还包括银子，因为物的名称不可变，而人的名称可变。

D. 13, 7, 1, 2　乌尔比安：《萨宾评注》第 40 卷

但如果某人已给付铜作为质物，却断言铜是金子并作为金子给付了作质物，必须看，被作为担保物提出的质物是否为铜？由于对标的物已达成了合意，铜就是当事人认为的质物，这是较好的观点。但出质人除了要对他实施的诈骗[①]外，还要对质物请求之诉的对待诉权承担责任。

D. 45, 1, 32　乌尔比安：《萨宾评注》第 47 卷

如果就订立要式口约要给付的奴隶的名字发生错误，而该给付哪个奴隶未搞错，已决定要式口约有效。

D. 28, 5, 1, 7　乌尔比安：《萨宾评注》第 1 卷

尤里安也不认为"让某某人为继承人"的指定是有效的，因为缺少某些东西。但这一指定也是有效的，因为它隐含了"我命令"一语。

D. 28, 5, 9, 2　乌尔比安：《萨宾评注》第 5 卷

但如果未对标的物，而只对其份额发生了错误，例如，他口授的是指定某人为一半遗产的继承人，该人却被写成了四分之一遗产的继承人，杰尔苏在其《问题集》第 12 卷、其《学说汇纂》第 11 中卷中说：可以维持一半遗产的继承人指定，因为口授的较多份额被写少了。这种观点为一般的解答所支持。即使遗嘱人本人写下的份额较少，而他愿意写下更多的份额，也是如此处理。

---

① 　诈骗（Stellionatus）是一种由非常程序处理的犯罪，表现为对交易客体作伪，故称交易欺诈罪。

D. 28. 5. 9. 3　Ulpianus 5 ad sab.

Sed si maiorem adscripserit testamentarius vel (quod difficilius est probatione) ipse testator, ut pro quadrante semissem, Proculus putat ex quadrante fore heredem, quoniam inest quadrans in semisse: quam sententiam et Celsus probat.

D. 28. 5. 9. 6　Ulpianus 5 ad sab.

Idem tractat et si testamentarius contra voluntatem testatoris condicionem detraxit vel mutavit, heredem non futurum, sed pro non instituto habendum.

D. 30. 75. 1　Ulpianus 5 disp.

Si mihi quod Titius debet fuerit legatum neque Titius debeat, sciendum est nullum esse legatum. et quidem si quantitas non sit adiecta, evidenti ratione nihil debebitur, quia non apparet, quantum fuerit legatum: nam et si quid 'quod' ego Titio debeo ei legavero quantitate non adiecta, constat nullum esse legatum, cum, si decem quae Titio debeo legavero nec quicquam Titio debeam, falsa demonstratio non peremit legatum, ut in legato dotis Iulianus respondit.

3. 5　De iuris et facti ignorantia
(D. 22. 6)

D. 22. 6. 1pr.　Paulus 44 ad ed.

Ignorantia vel facti vel iuris est.

D. 22. 6. 1. 3　Paulus 44 ad ed.

Item si quis sciat quidem alii delatam esse bonorum possessionem,

D. 28, 5, 9, 3　乌尔比安:《萨宾评注》第 5 卷

但如果遗嘱代书人或遗嘱人本人（这是更难证明的事情）把份额写得更大，例如，把四分之一写成了一半，普罗库鲁斯认为继承人是为四分之一的遗产指定的，因为四分之一被包括在一半以内。杰尔苏也赞同这种观点。

D. 28, 5, 9, 6　乌尔比安:《萨宾评注》第 5 卷

马尔切勒还分析道：如果遗嘱代书人违背遗嘱人的意思遗漏或改变了条件，被指定者不成为继承人，他被视为未指定。

D. 30, 75, 1　乌尔比安:《论断集》第 5 卷

如果蒂丘斯遗赠给我他欠我的债，而他本来就不欠我债，必须明确遗赠无效。况且，如果未指明数量，根据明显的理由，他不承担任何债务，因为看不出遗赠了多少。的确，如果我把我欠蒂丘斯的某些债务遗赠给他，而未指明数量，遗赠显然无效。如果我遗赠我欠蒂丘斯的 10 个币，实际上我不欠蒂丘斯任何债，如同尤里安对遗赠嫁资的案件所解答的，虚假的陈述并不使遗赠无效。

3.5　对事实和对法律的不知

（D. 22, 6）

D. 22, 6, 1pr.　保罗:《告示评注》第 44 卷

不知或是对于事实的，或是对于法的。

D. 22, 6, 1, 3　保罗:《告示评注》第 44 卷

同样，如果某人确实知道他人被授予了遗产占有，却不知道

nesciat autem ei tempus praeterisse bonorum possessionis, in facto errat. idem est, si putet eum bonorum possessionem accepisse. sed si sciat eum non petisse tempusque ei praeterisse, ignoret autem sibi ex successorio capite competere bonorum possessionem, cedet ei tempus, quia in iure errat.

D. 22. 6. 1. 4   Paulus 44 ad ed.

Idem dicemus, si ex asse heres institutus non putet se bonorum possessionem petere posse ante apertas tabulas: quod si nesciat esse tabulas, in facto errat.

D. 22. 6. 9pr.   Paulus l. S. de iuris et facti ign.

Regula est iuris quidem ignorantiam cuique nocere, facti vero ignorantiam non nocere. videamus igitur, in quibus speciebus locum habere possit, ante praemisso quod minoribus viginti quinque annis ius ignorare permissum est. quod et in feminis in quibusdam causis propter sexus infirmitatem dicitur: et ideo sicubi non est delictum, sed iuris ignorantia, non laeduntur. hac ratione si minor viginti quinque annis filio familias crediderit, subvenitur ei, ut non videatur filio familias credidisse.

D. 22. 6. 9. 1   Paulus l. S. de iuris et facti ign.

Si filius familias miles a commilitone heres institutus nesciat sibi etiam sine patre licere adire per constitutiones principales, ius ignorare potest et ideo ei dies aditionis cedit.

该人已超过接受遗产占有的期限，他对事实发生了错误。如果他认为该人已获得了遗产占有，也是如此。但如果他知道该人未请求遗产占有，并知道该人请求遗产占有的期限已经超过，但不知道自己根据关于继承的告示的有关章节有权请求遗产占有，他请求遗产占有的期限照样届满，因为他对法律发生了错误。

D. 22, 6, 1, 4　保罗：《告示评注》第 44 卷

如果被指定为全部遗产之继承人的人认为，他自己在遗嘱被开启之前不可以请求遗产占有，对此我们说同样的话。但如果他不知道遗嘱之存在，他对事实发生了错误。

D. 22, 6, 9pr.　保罗：《论对法和对事实的不知》单卷本

一般规则是：对法的不知给所有的人都带来损害，对事实的不知不给人带来损害。我们来考察一下在两种不知的情况下可能发生什么。我们已事先允许不满 25 岁的未成年人对法不知；人们说，也允许妇女在一些情况下因其性别的软弱不知法。因此，对于他们，如果没有私犯行为，但对法不知，他们不会因此受到损害。依此道理，如果未满 25 岁的未成年人借钱给家子，应当给予他救济，即视为他从未借钱给家子。

D. 22, 6, 9, 1　保罗：《论对法和对事实的不知》单卷本

如果被战友指定为继承人的当兵的家子不知道自己无父亲的许可也可根据元首的敕令接受遗产，他可以不知法，因此，他接受遗产的期限不届满。①

---

① 按照罗马法的一般规则，家子必须得到父亲的同意才可接受遗产，以免遗产给家子带来过重的债务负担。但这一规则并不严格适用于军人。因为军人多出身于下层阶级和外国人，不可能很了解罗马的继承法，在涉及继承的问题上，经常违反罗马法。作为军人的特权，皇帝承认他们的这些违法行为具有法律的效力。

D. 22. 6. 9. 2   Paulus l. S. de iuris et facti ign.

Sed facti ignorantia ita demum cuique non nocet, si non ei summa neglegentia obiciatur: quid enim si omnes in civitate sciant, quod ille solus ignorat? et recte Labeo definit scientiam neque curiosissimi neque neglegentissimi hominis accipiendam, verum eius, qui cum eam rem ut, diligenter inquirendo notam habere possit.

D. 22. 6. 9. 3   Paulus l. S. de iuris et facti ign.

Sed iuris ignorantiam non prodesse Labeo ita accipiendum existimat, si iuris consulti copiam haberet vel sua prudentia instructus sit, ut, cui facile sit scire, ei detrimento sit iuris ignorantia: quod raro accipiendum est.

D. 22. 6. 9. 4   Paulus l. S. de iuris et facti ign.

Qui ignoravit dominum esse rei venditorem, plus in re est, quam in existimatione mentis: et ideo, tametsi existimet se non a domino emere, tamen, si a domino ei tradatur, dominus efficitur.

3. 6   De vitiis voluntatis: metus
(D. 4. 2/3 ; 29. 2 ; 44. 4 ; 50. 17)

D. 50. 17. 116pr.   Ulpianus 11 ad ed.

Nihil consensui tam contrarium est, qui ac bonae fidei iudicia sustinet, quam vis atque metus: quem comprobare contra bonos mores est.

D. 22, 6, 9, 2　保罗:《论对法和对事实的不知》单卷本

然而，仅仅是对事实不知，对任何人都不带来损害，除非这个人被认为有重大疏忽。城里所有人都知道的事情，为什么只有他一个人不知道呢？拉贝奥正确地定义：知道不应理解为过于好奇者的知道，也不应理解为极为疏忽者的知道，而是比较注意地调查有关事项的人的知道。

D. 22, 6, 9, 3　保罗:《论对法和对事实的不知》单卷本

但拉贝奥认为，不得利用对法的不知应这样理解：一个人有可能咨询法学家或他受教育得到的智慧让他容易知晓法，却仍旧对法不知，这种情况给他带来损害，而这种情况少见。

D. 22, 6, 9, 4　保罗:《论对法和对事实的不知》单卷本

如果某人不知道出卖人是物的所有人，事实比内心的判断更加重要。因此，虽然他认为自己从非所有人做了购买，但如果所有人对他做了交付，他成为所有人。

3.6　意思的缺陷：胁迫
（D. 4, 2/3；29, 2；44, 4；50, 17）

D. 50, 17, 116pr.　乌尔比安:《告示评注》第 11 卷

没有比暴力和胁迫更违反诚信诉讼支持的同意的，认可它们有违善良风俗。①

---

① 罗马古法讲究形式主义，行为只要履行了法定的程式，尽管有诈欺和胁迫发生，其效力不受影响。在创立了诚信诉讼后，罗马法才开始承认诈欺和胁迫是影响法律行为之效力的缺陷。

3. De forma recta voluntatis et demonstratione

D. 4. 2. 1   Ulpianus 11 ad ed.

Ait praetor: 'quod metus causa gestum erit, ratum non habebo'. olim ita edicebatur 'quod vi metusve causa' : vis enim fiebat mentio propter necessitatem impositam contrariam voluntati: metus instantis vel futuri periculi causa mentis trepidatio. sed postea detracta est vis mentio ideo, quia quodcumque vi atroci fit, id metu quoque fieri videtur.

D. 4. 2. 7pr.   Ulpianus 11 ad ed.

Nec timorem infamiae hoc edicto contineri Pedius dicit libro septimo, neque alicuius vexationis timorem per hoc edictum restitui. proinde si quis meticulosus rem nullam frustra timuerit, per hoc edictum non restituitur, quoniam neque vi neque metus causa factum est.

D. 4. 2. 7. 1   Ulpianus 11 ad ed.

Proinde si quis in furto vel adulterio deprehensus vel in alio flagitio vel dedit aliquid vel se obligavit, Pomponius libro vicensimo octavo recte scribit posse eum ad hoc edictum pertinere: timuit enim vel mortem vel vincula. quamquam non omnem adulterum liceat occidere, vel furem, nisi se telo defendat: sed potuerunt vel non iure occidi, et ideo iustus fuerit metus. sed et si, ne prodatur ab eo qui deprehenderit, alienaverit, succurri ei per hoc edictum videtur, quoniam si proditus esset, potuerit ea pati quae diximus.

D. 4. 2. 8. 1   Paulus 11 ad ed.

Si is accipiat pecuniam, qui instrumenta status mei interversurus

D. 4, 2, 1　乌尔比安:《告示评注》第11卷

裁判官说:"对胁迫下所为的行为,我不会使之有效。"过去告示这样规定:"对暴力下或胁迫下所为的行为。"暴力之所以被提到,乃因为它强迫他人违反其意志做某事。胁迫是因现在的或将来的危险使心灵恐惧。但后来关于暴力的提法被删去了,因为通过野蛮的暴力所做的一切,也被看作是在胁迫下所做的。

D. 4, 2, 7pr.　乌尔比安:《告示评注》第11卷

佩丢斯在其第7卷[①]中说:这一告示既不包括对破廉耻的害怕,对某种欺负的害怕也不导致根据这一告示恢复原状。因此,如果胆小的人无根据地害怕没有的事情,不会根据这一告示恢复原状,因为既未因暴力,也未因胁迫实施任何行为。

D. 4, 2, 7, 1　乌尔比安:《告示评注》第11卷

因此,如果某人在盗窃或通奸中,或在其他可耻的犯罪中被抓住,他给付了某物或使自己负债,彭波尼在其第28卷[②]中正确地写道,他可以利用这一告示,因为他曾害怕死亡或囚禁。虽然总是不许杀害通奸者或窃贼,他们以武器自卫时除外,但他们甚至可能被非法地杀死,因此,害怕是有理由的。但是,如果某人为了不被抓住他的人揭发,转让了财产,他也被认为根据这一告示得到救济,因为如果他被揭发,他可能会承受我们已说过的刑罚。

D. 4, 2, 8, 1　保罗:《告示评注》第11卷

如果威胁改动我的身份证件的人强迫我给付金钱,无疑,他

---

① 佩丢斯为人所知的著作有两本:《告示评注》(多卷本)和《论要式口约》(多卷本)。此处涉及的是哪一本,不得而知。

② 彭波尼有两本28卷以上的著作:《对昆图斯·穆丘斯的课文的评注》(39卷);《萨宾评注》(35卷)。这里提到的书可能是两者中的任何一本。

est nisi dem, non dubitatur quin maximo metu compellat, utique si iam in servitutem petor et illis instrumentis perditis liber pronuntiari non possum.

D. 4. 2. 9. 1   Ulpianus 11 ad ed.

Animadvertendum autem, quod praetor hoc edicto generaliter et in rem loquitur nec adicit a quo gestum: et ideo sive singularis sit persona, quae metum intulit, vel populus vel curia vel collegium vel corpus, huic edicto locus erit. sed licet vim factam a quocumque praetor complectatur, eleganter tamen Pomponius ait, si quo magis te de vi hostium vel latronum vel populi tuerer vel liberarem, aliquid a te accepero vel te obligavero, non debere me hoc edicto teneri, nisi ipse hanc tibi vim summisi: ceterum si alienus sum a vi, teneri me non debere, ego enim operae potius meae mercedem accepisse videor.

D. 4. 2. 9. 2   Ulpianus 11 ad ed.

Idem Pomponius scribit quosdam bene putare etiam servi manumissionem vel aedificii depositionem, quam quis coactus fecit, ad restitutionem huius edicti porrigendam esse.

D. 4. 2. 14. 4   Ulpianus 11 ad ed.

Haec autem actio cum arbitraria sit, habet reus licentiam usque ad sententiam ab arbitro datam restitutionem, secundum quod supra diximus, rei facere: quod si non fecerit, iure meritoque quadrupli condemnationem patietur.

D. 4. 2. 14. 7   Ulpianus 11 ad ed.

Quadruplatur autem id quanti ea res erit, id est cum fructibus et omni causa.

以极大的恐惧实施了强迫，在已对我提起了主张我是奴隶的诉讼，而那些证件若丧失，我不能被宣告为自由人的情况下，尤其如此。

D. 4, 2, 9, 1　乌尔比安:《告示评注》第 11 卷

但要注意，裁判官在这一告示中概括地说到胁迫事宜，没有另外说明由谁实施胁迫。因此，不论施加胁迫的是个人，还是人群，还是库里亚或行会或团体，这一告示都可适用。但虽然裁判官把由任何人实施的暴力都包括在内，然而彭波尼合乎逻辑地说：如果我为了更好地保护你，或者把你从敌人的或强盗的或乱民的暴力中解救出来，我从你接收了某物或让你负债，我不应按这一告示承担责任，是我本人置你于上述这些暴力中的除外。无论如何，如果我与暴力没有关系，我不应承担责任，因为确切地说，我被看作接受了我的工作的报酬。

D. 4, 2, 9, 2　乌尔比安:《告示评注》第 11 卷

彭波尼也写道：某些人正确地认为，如果某人被迫解放奴隶或拆毁建筑物，必须扩张适用这一告示中的恢复原状。

D. 4, 2, 14, 4　乌尔比安:《告示评注》第 11 卷

但由于这一诉权是仲裁之诉，被告在仲裁人做出裁决前，有权根据我们如上所述的规则做出恢复原状。但如果他未这样做，依法且依情理，他要承受四倍罚金的判决。

D. 4, 2, 14, 7　乌尔比安:《告示评注》第 11 卷

而且，四倍的价值要根据可能遭受的损害计算，换言之，包括孳息和其他一切利益。

3. De forma recta voluntatis et demonstratione

D. 4. 2. 14. 12   Ulpianus 11 ad ed.

Qui vim intulit, cum possessionem a me sit consecutus, fur non est: quamvis qui rapuit, fur improbior esse videatur, ut Iuliano placet.

D. 4. 2. 14. 13   Ulpianus 11 ad ed.

Eum qui metum fecit et de dolo teneri certum est, et ita Pomponius, et consumi alteram actionem per alteram exceptione in factum opposita.

D. 4. 2. 14. 15   Ulpianus 11 ad ed.

Secundum haec si plures metum adhibuerint et unus fuerit conventus, si quidem sponte rem ante sententiam restituerit, omnes liberati sunt: sed et si id non fecerit, sed ex sententia quadruplum restituerit, verius est etiam sic peremi adversus ceteros metus causa actionem.

D. 4. 2. 16. 1   Ulpianus 11 ad ed.

Sed si servi metum adhibuerint, noxalis quidem actio ipsorum nomine erit, poterit autem quis dominum ad quem res pervenerit convenire: qui conventus sive rem sive secundum quod iam dictum est quadruplum praestiterit, proderit et servis. si vero noxali conventus maluerit noxae dedere, nihilo minus ipse poterit conveniri, si ad eum res pervenit.

D. 4. 2. 16. 2   Ulpianus 11 ad ed.

Haec actio heredi ceterisque successoribus datur, quoniam rei habet persecutionem. in heredem autem et ceteros in id, quod pervenit

D. 4, 2, 14, 12 乌尔比安:《告示评注》第 11 卷

先使用暴力,然后从我获得占有的人不是贼,尽管抢劫者被看作更下流的贼,如同尤里安所认为的。[1]

D. 4, 2, 14, 13 乌尔比安:《告示评注》第 11 卷

彭波尼也说,实施胁迫的人肯定也对诈欺之诉承担责任,在援用了既判力的抗辩的情况下,一种诉权消耗另一种诉权。[2]

D. 4, 2, 14, 15 乌尔比安:《告示评注》第 11 卷

由此推论,如果多数人实施胁迫,其中一人被诉,如果他确实在判决前自愿地恢复了原状,所有的人都被免除责任。但即使他未这样做,而是根据判决做了四倍的返还,对其他人的因胁迫的诉权也这样消灭,这是更好的观点。

D. 4, 2, 16, 1 乌尔比安:《告示评注》第 11 卷

但如果奴隶们实施胁迫,的确有因他们自身的理由的损害投偿诉权,但人们可对得到了财产的主人起诉。被诉的人,或者给付财产;或者按已经说过的,给付四倍的罚金,这也有利于奴隶。但如果他被提起损害投偿之诉,他宁愿交出加害的奴隶,在财产到了他手中的情况下,仍可对他本人起诉。

D. 4, 2, 16, 2 乌尔比安:《告示评注》第 11 卷

这种诉权被授予继承人和受遗赠人,因为它具有财产损失之诉[3]的性质。这一诉权并非不公正地被授予对抗得到了财产的继

---

[1]　这一法言把盗窃与抢劫区分开来了,而在罗马古时,盗窃与抢劫是不分的。

[2]　这里说的是被实施胁迫的人尽管同时享有胁迫之诉和诈欺之诉,但他只能提出其中的一种。

[3]　追物之诉(Actio rei persecutoria)是民事性质的诉权,可以由受害人的继承人提起,也可向加害人的继承人提起,甚至对占有人、持有人提起,目的在于赔偿损失。

ad eos, datur non immerito: licet enim poena ad heredem non transeat, attamen quod turpiter vel scelere quaesitum est, ut est et rescriptum, ad compendium heredis non debet pertinere.

D. 4. 2. 3pr.   Ulpianus 11 ad ed.

Continet igitur haec clausula et vim et metum, et si quis vi compulsus aliquid fecit, per hoc edictum restituitur.

D. 4. 2. 3. 1   Ulpianus 11 ad ed.

Sed vim accipimus atrocem et eam, quae adversus bonos mores fiat, non eam quam magistratus recte intulit, scilicet iure licito et iure honoris quem sustinet. ceterum si per iniuriam quid fecit populi romani magistratus vel provinciae praeses, Pomponius scribit hoc edictum locum habere: si forte, inquit, mortis aut verberum terrore pecuniam alicui extorserit.

D. 4. 2. 5   Ulpianus 11 ad ed.

Metum accipiendum Labeo dicit non quemlibet timorem, sed maioris malitatis.

D. 4. 2. 6   Gaius 4 ad ed. provinc.

Metum autem non vani hominis, sed qui merito et in homine constantissimo cadat, ad hoc edictum pertinere dicemus.

D. 4. 2. 9pr.   Ulpianus 11 ad ed.

Metum autem praesentem accipere debemus, non suspicionem inferendi eius: et ita Pomponius libro vicensimo octavo scribit. ait enim metum illatum accipiendum, id est si illatus est timor ab aliquo. denique tractat, si fundum meum dereliquero audito, quod quis cum armis veniret, an huic edicto locus sit? et refert Labeonem existimare edicto locum non esse et unde vi interdictum cessare, quoniam non videor vi

承人和受遗赠人，因为虽然罚金不株连继承人，然而不道德的或罪恶的所得，如同敕答所规定的，不应增进继承人的利益。

D. 4, 2, 3pr. 乌尔比安:《告示评注》第 11 卷

因此，裁判官告示的这一规定既涵盖暴力又涵盖胁迫，如果某人为暴力所迫做了某事，他可通过这一告示获得原状之恢复。

D. 4, 2, 3, 1 乌尔比安:《告示评注》第 11 卷

但我们把暴力理解为严重的和违反善良风俗实施的，而不是长官们正当地做出的。不消说，他们这样做，根据市民法是合法的，并且受到荣誉法的支持。然而，如果罗马人民的长官或行省的长官以不法方式做某事，彭波尼写道:适用这一告示。他说，如果他们以死亡或鞭打的恐怖向某人勒索金钱，即属这种情况。

D. 4, 2, 5 乌尔比安:《告示评注》第 11 卷

拉贝奥说，恐惧不得理解为随便哪种惧怕，而是由于承受较大的不利后果带来的害怕。

D. 4, 2, 6 盖尤斯:《行省告示评注》第 4 卷

然而我们说，这一告示规定的胁迫，不是使虚弱的人屈服的胁迫，而是有充分依据使最坚强的人屈服的胁迫。

D. 4, 2, 9pr. 乌尔比安:《告示评注》第 11 卷

而且，我们应把胁迫理解为现实的，而不是对它将要发生的怀疑。这是彭波尼在其第 28 卷中所写的。事实上他说:必须把胁迫理解为已经造成，换言之，已经由某人造成了恐惧。随即他分析道，我听说某人武装而来就抛弃了我的土地，是否适用这一告示?他提到拉贝奥认为不适用这一告示，并因此停止适用强取物回复令状，因为我被认为不是以暴力赶走的，我未等到被赶走就逃跑了。如果在武装的人侵入后，那时我撤走，则是另一个样子，宜于适用这一告示。他还说，万一你组织一伙人以暴力在

deiectus, qui deici non expectavi sed profugi. aliter atque si, posteaquam armati ingressi sunt, tunc discessi: huic enim edicto locum facere. idem ait, et si forte adhibita manu in meo solo per vim aedifices, et interdictum quod vi aut clam et hoc edictum locum habere, scilicet quoniam metu patior id te facere. sed et si per vim tibi possessionem tradidero, dicit Pomponius hoc edicto locum esse.

D. 29. 2. 6. 7   Ulpianus 6 ad sab.

Celsus libro quinto decimo digestorum scripsit eum, qui metu verborum vel aliquo timore coactus fallens adierit hereditatem, sive liber sit, heredem non fieri placet, sive servus sit, dominum heredem non facere.

D. 4. 3. 21   Ulpianus 11 ad ed.

Quod si deferente me iuraveris et absolutus sis, postea periurium fuerit adprobatum, Labeo ait de dolo actionem in eum dandam: Pomponius autem per iusiurandum transactum videri, quam sententiam et Marcellus libro octavo digestorum probat: stari enim religioni debet.

D. 4. 3. 22   Paulus 11 ad ed.

Nam sufficit periurii poena.

D. 4. 2. 9. 3   Ulpianus 11 ad ed.

Sed quod praetor ait ratum se non habiturum, quatenus accipiendum est videamus. et quidem aut imperfecta res est, licet metus intervenerit,

我的土地上为建筑,关于暴力或欺瞒的令状以及这一告示都可适用,因为我受到了胁迫才忍受你这样做。而如果我因暴力把我的土地的占有转给你,彭波尼说也适用这一告示。

D. 29, 2, 6, 7　乌尔比安:《萨宾评注》第 6 卷

杰尔苏在其《学说汇纂》第 15 卷中写道:已决定,因言辞的胁迫或其他的恐惧被迫错误地接受了一份遗产的人,如果他是自由人,并不要求他成为继承人;如果他是奴隶,并不导致其主人成为继承人。

D. 4, 3, 21　乌尔比安:《告示评注》第 11 卷

但如果在我的催促下你做了宣誓并被开释,[①] 而后来证明你做了伪誓,拉贝奥说,必须授予诈欺之诉对抗你。然而彭波尼说,通过宣誓,诉讼被认为已做了和解,马尔切勒在其《学说汇纂》第 8 卷中也赞同这一意见,因为对神的敬畏应予维持。

D. 4, 3, 22　保罗:《告示评注》第 11 卷

事实上,做假誓的罚金足矣。[②]

D. 4, 2, 9, 3　乌尔比安:《告示评注》第 11 卷

但对裁判官所说的他将不会使其有效,让我们来看应如何理解?要么是就算发生了胁迫,交易确实并未完成,例如订立要

---

① "开释"在现代为一刑事诉讼术语。但在古罗马法中,"开释"也是一个民事诉讼术语,因为在古代,不能偿债的人要坐牢,债务由于各种原因被解除后,债务人即被"开释"。

② 这一段落与上面的段落的关系是"拼接"。《学说汇纂》的编者们似乎为了表现自己对被综述的原作的尊重,尽量避免在这一综述作品中写自己的话,倘若被引用的某一作者的某一大的段落内容不完全,编者宁愿拼接同一作者或另一作者的某一段落甚至某一短语作为补充,形成这种拼接式的论述。而实际上,《学说汇纂》的编者并不见得如此尊重被引用的原作,因此才发生罗马法文献研究中的"优士丁尼的添加"的问题。

3. De forma recta voluntatis et demonstratione

ut puta stipulationem numeratio non est secuta, aut perfecta, si post stipulationem et numeratio facta est aut per metum accepto debitor liberatus est vel quid simile contigerit quod negotium perficeret. et Pomponius scribit in negotiis quidem perfectis et exceptionem interdum et actionem competere, in imperfectis autem solam exceptionem. sed ex facto scio, cum campani metu cuidam illato extorsissent cautionem pollicitationis, rescriptum esse ab imperatore nostro posse eum a praetore in integrum restitutionem postulare, et praetorem me adsidente interlocutum esse, ut sive actione vellet adversus campanos experiri, esse propositam, sive exceptione adversus petentes, non deesse exceptionem. ex qua constitutione colligitur, ut sive perfecta sive imperfecta res sit, et actio et exceptio detur.

D. 4. 2. 21. 5   Paulus 11 ad ed.

Si metu coactus adii hereditatem, puto me heredem effici, quia quamvis si liberum esset noluissem, tamen coactus volui: sed per praetorem restituendus sum, ut abstinendi mihi potestas tribuatur.

D. 4. 2. 3pr.   Ulpianus 11 ad ed.

Continet igitur haec clausula et vim et metum, et si quis vi compulsus aliquid fecit, per hoc edictum restituitur.

式口约后未接着缴清金钱；要么是交易已经完成，如果在订立要式口约后已缴清了金钱；或债务人由于债权人受胁迫被免除了债务；或发生了某些类似的使交易完成的事，即属这种情况。彭波尼写道：在交易确已完成的情况下，有时既可提起抗辩，又可提起诉讼。但在交易未完成的情况下，只可提起抗辩。但我根据事实知道，对康盘尼亚人胁迫某人，逼他做出了保证履行一个单方允诺[①]的案件，我们的皇帝[②]批复道：他可向裁判官要求完全的恢复原状。在我作为陪席法官的审判中，裁判官宣布，如果他决定跟康盘尼亚人打官司，有已经颁布的诉权；如果他请求对抗由他们提起的诉讼的抗辩，并非不能利用抗辩。根据这一敕答推论，不论交易已完成或未完成，应既授予诉权，又授予抗辩。

D. 4, 2, 21, 5 保罗：《告示评注》第 11 卷

如果我由于受到胁迫被迫接受了一份遗产，我认为我被弄成了继承人，因为尽管如果我是自由的，我会不愿意，但由于强迫，我愿意了。但我必须通过裁判官恢复原状，这样，我将被授予拒绝遗产的权力。

D. 4, 2, 3pr.[③] 乌尔比安：《告示评注》第 11 卷

因此，裁判官告示的这一规定既涵盖暴力又涵盖胁迫，如果某人为暴力所迫做了某事，他可通过这一告示获得原状之恢复。

---

① 许诺是一方做出的承担义务的表示，通常为对某一城市提供一项无偿的给付，例如为报答该城市授予的荣誉而许诺为其建立一个运动场。

② 乌尔比安是与保罗同时代的法学家，生于约 170 年，死于 228 年。他在塞普提米阿·塞维鲁斯、卡拉卡拉和亚历山大·塞维鲁斯为帝时都担任过要职。他所说的"我们的皇帝"，可能是上述三个皇帝中的任何一个。

③ 在本书中，这一法言在同一个标题下出现了两次。

3. De forma recta voluntatis et demonstratione

D. 4. 2. 8. 3   Paulus 11 ad ed.

Haec, quae diximus ad edictum pertinere, nihil interest in se quis veritus sit an in liberis suis, cum pro affectu parentes magis in liberis terreantur.

D. 4. 2. 13   Callistratus 5 de cogn.

Exstat enim decretum divi Marci in haec verba: 'optimum est, ut, si quas putas te habere petitiones, actionibus experiaris. cum Marcianus diceret: vim nullam feci, caesar dixit: tu vim putas esse solum, si homines vulnerentur ? vis est et tunc, quotiens quis id, quod deberi sibi putat, non per iudicem reposcit. quisquis igitur probatus mihi fuerit rem ullam debitoris vel pecuniam debitam non ab ipso sibi sponte datam sine ullo iudice temere possidere vel accepisse, isque sibi ius in eam rem dixisse: ius crediti non habebit'.

D. 4. 2. 9. 8   Ulpianus 11 ad ed.

Cum autem haec actio in rem sit scripta nec personam vim facientis coercerat, sed adversus omnes restitui velit quod metus causa factum est: non immerito Iulianus a Marcello notatus est scribens, si fideiussor vim intulit, ut accepto liberetur, in reum non esse restituendam

D. 4, 2, 8, 3   保罗:《告示评注》第 11 卷

在我们说到的与这一告示有关的所有情形中，胁迫是针对某人自身还是针对其子女，毫不重要，因为父母的情爱更多用在子女身上。

D. 4, 2, 13   伽里斯特拉杜斯:《论审理》第 5 卷

事实上，有神君① 马尔库斯的一个这样措辞的决定:"若你认为你对他们有请求权，你凭借诉权起诉，是最好的。而在马尔西安说'我未实施任何暴力'时，恺撒说:'你认为只有打伤了人才有暴力吗？'只要某人不通过法官索回他认为自己享有债权之物，这样做也是暴力。因此，无论何人被对我证明鲁莽地占有或收受了债务人的不是由他本人自愿地给付的、没有经过任何法官的裁判的任何物或负欠的金钱，他已经对该物自己宣告了法律，他将不享有债权。"②

D. 4, 2, 9, 8   乌尔比安:《告示评注》第 11 卷

此外，由于这一诉权被设计为对物之诉，不是强制惩罚实施暴力者的对人之诉，但要求对因胁迫所做的一切事情恢复原状。尤里安的如下话受到马尔切勒的并非不公正的注解，③ 尤里安写道:如果保证人实施暴力得到债务免除，不必恢复债权人对主债

---

① 罗马皇帝死后，如果他曾经是一个"好皇帝"，元老院会宣布他已经是神，以表达对他的尊敬。"坏皇帝"得不到这一荣誉。因此，"神君"就是皇帝，且是"好皇帝"的意思。至今未见过"坏皇帝"被称为神君的事例。

② 此段在《学说汇纂》中以大致相同的形式出现两次，另一次是在 D. 48, 7, 7 中。D. 48, 7, 7 被收录在也是我翻译的《债·私犯之债（Ⅱ）和犯罪》一书的第 32 节第 10 题"关于私下暴力的优利亚法评注"（"优利亚"为旧版译法，新版译作"优流斯"）中。两个法言的文字，彼此略有不同。

③ 马尔切勒有《尤里安和彭波尼的作品注解》一书，他显然是在这本书中发表上述高见的。

actionem, sed fideiussorem, nisi adversus reum quoque actionem restituat, debere in quadruplum condemnari. sed est verius, quod Marcellus notat: etiam adversus reum competere hanc actionem, cum in rem sit scripta.

D. 4. 2. 9. 7   Ulpianus 11 ad ed.

Ex hoc edicto restitutio talis facienda est, id est in integrum, officio iudicis, ut, si per vim res tradita est, retradatur et de dolo sicut dictum est repromittatur, ne forte deterior res sit facta. et si acceptilatione liberatio intervenit, restituenda erit in pristinum statum obligatio, usque adeo, ut Iulianus scribat libro quarto digestorum, si pecunia debita fuit, quae accepta per vim facta est, nisi vel solvatur vel restituta obligatione iudicium accipiatur, quadruplo eum condemnandum. sed et si per vim stipulanti promisero, stipulatio accepto facienda erit. sed et si usus fructus vel servitutes amissae sunt, restituendae erunt.

D. 4. 2. 12pr.   Ulpianus 11 ad ed.

Sed et partus ancillarum et fetus pecorum et fructus restitui et omnem causam oportet: nec solum eos qui percepti sunt, verum si plus ego percipere potui et per metum impeditus sum, hoc quoque praestabit.

D. 4. 2. 14. 1   Ulpianus 11 ad ed.

Si quis non restituat, in quadruplum in eum iudicium pollicetur: quadruplabitur autem omne quodcumque restitui oportuit. satis clementer cum reo praetor egit, ut daret ei restituendi facultatem, si vult poenam evitare. post annum vero in simplum actionem pollicetur, sed non semper, sed causa cognita.

务人的诉权，但保证人应被判处四倍的罚金，他恢复承担保证责任的情形除外。但马尔切勒的注解更正确：这一诉权也可用来对抗主债务人，因为它被设计为对物之诉。

D. 4, 2, 9, 7　乌尔比安：《告示评注》第 11 卷

根据这一告示，法官必须依职责做出恢复原状，要达到完全的程度：如果物是因暴力交付的，要加以返还；而且如同已说过的，要就以要式口约担保不再发生诈欺，即不要让标的物的状况恶化；如果已发生免除清偿，必须把债务恢复到先前的状态，直到像尤里安在其《学说汇纂》第 4 卷中所写到的程度——如果通过暴力获得了金钱债务的免除，如果行为人不做出清偿，或接受恢复债务之原状的诉讼，将判处他四倍的罚金。再者，倘若我因暴力已以要式口约做出承诺，要式口约必须解除。同样，倘若已丧失用益权或地役权，它们必须被恢复原状。

D. 4, 2, 12pr.　乌尔比安：《告示评注》第 11 卷

必须返还女奴所生的小孩、家畜的幼仔、孳息以及一切相关的利益，而不仅仅返还已收取的孳息，而且要返还我本可收取但由于胁迫未收取的孳息。

D. 4, 2, 14, 1　乌尔比安：《告示评注》第 11 卷

如果某人不做返还，原告被应许以四倍罚金的诉权对抗他，而且必须返还的一切东西的价值都按四倍计算。裁判官对被告表现出了足够的仁慈，如果他愿意避免罚金，给予他做出返还的权利。而一年后，原告被应许对简单价值的诉权，但并不总是如此，而要对案件进行审理。

3. De forma recta voluntatis et demonstratione

D. 4. 2. 21. 1   Paulus 11 ad ed.

Quod metus causa gestum erit, nullo tempore praetor ratum habebit.

D. 44. 4. 4. 33   Ulpianus 76 ad ed.

Metus causa exceptionem Cassius non proposuerat contentus doli exceptione, quae est generalis: sed utilius visum est etiam de metu opponere exceptionem. etenim distat aliquid doli exceptione, quod exceptio doli personam complectitur eius, qui dolo fecit: enimvero metus causa exceptio in rem scripta est 'si in ea re nihil metus causa factum est', ut non inspiciamus, an is qui agit metus causa fecit aliquid, sed an omnino metus causa factum est in hac re a quocumque, non tantum ab eo qui agit. et quamvis de dolo auctoris exceptio non obiciatur, verumtamen hoc iure utimur, ut de metu non tantum ab auctore, verum a quocumque adhibito exceptio obici possit.

D. 44. 4. 4. 34   Ulpianus 76 ad ed.

Illud sciendum est hanc exceptionem de metu eum obicere debere, qui metum non a parente passus est, in cuius fuit potestate: ceterum parenti licere deteriorem condicionem liberorum in rebus peculiariis facere. sed si se abstinuerit hereditate paterna, succurrendum ei erit, ut alioquin succurritur.

D. 4, 2, 21, 1　保罗：《告示评注》第 11 卷

对在胁迫下所为的行为，裁判官在任何时候都不会认可。

D. 44, 4, 4, 33　乌尔比安：《告示评注》第 76 卷

卡修斯[①]并未提出胁迫的抗辩，他满足于诈欺之抗辩——一般的那种。但人们认为也以抗辩对抗胁迫更好。[②]确实，胁迫的抗辩在某些方面不同于诈欺的抗辩，因为诈欺的抗辩要说明实施了诈欺的人，而胁迫的抗辩被设计成"如果在本案中无任何胁迫导致之事"的对物抗辩，所以我们并不看起诉人是否做了某些胁迫之事，而是看在本案中是否有任何人做了任何胁迫之事。尽管可能并没有就原告的诈欺提出抗辩，但我们采用这样的法：不仅原告实施的，而且任何人实施的胁迫，都可提出抗辩对抗。

D. 44, 4, 4, 34　乌尔比安：《告示评注》第 76 卷

要知道，受到他从属其权力的尊亲的胁迫的人，不得提出此等胁迫抗辩，因为允许尊亲在特有产事务上使子女承受较差的条件。但如果子女拒绝父亲的遗产，他必须得到这一抗辩的救济，如同他在任何其他方面也会得到救济一样。

---

① 卡修斯·伦基努斯（Cassius Longinus）是公元 30 年的执政官，著有《市民法》（卷数不详）。

② 在罗马法上，起先实行严格的形式主义，只要法律行为的程式正确，尽管当事人有诈欺胁迫等行为，法律行为的效力不受影响。后来法律进步，公元前 66 年阿奎流斯·加鲁斯（Aquilius Gallus）裁判官创立了诈欺之诉。裁判官曾经认为，胁迫和诈欺一样，都是致害人以不正当手段使被害人为法律行为，因此允许受胁迫者援用诈欺之诉。后来由于认识到诈欺与胁迫确实不同，奥克塔维尤斯（Octavius）裁判官创立了胁迫之诉。至此，反胁迫的立法才与反诈欺的立法相独立。诈欺抗辩和胁迫的抗辩的历史和它们的相互关系，大致与诈欺之诉和胁迫之诉同。

3. 7   De vitiis voluntatis: dolus malus
(D. 4. 3)

D. 4. 3. 1pr.   Ulpianus 11 ad ed.

Hoc edicto praetor adversus varios et dolosos, qui aliis offuerunt calliditate quadam, subvenit, ne vel illis malitia sua sit lucrosa vel istis simplicitas damnosa.

D. 4. 3. 1. 1   Ulpianus 11 ad ed.

Verba autem edicti talia sunt: 'quae dolo malo facta esse dicentur, si de his rebus alia actio non erit et iusta causa esse videbitur, iudicium dabo.'

D. 4. 3. 7. 10   Ulpianus 11 ad ed.

Idem Pomponius refert Caecidianum praetorem non dedisse de dolo actionem adversus eum, qui adfirmaverat idoneum esse eum, cui mutua pecunia dabatur, quod verum est: nam nisi ex magna et evidenti calliditate non debet de dolo actio dari.

D. 4. 3. 1. 4   Ulpianus 11 ad ed.

Ait praetor: 'si de his rebus alia actio non erit.' merito praetor ita demum hanc actionem pollicetur, si alia non sit, quoniam famosa actio non temere debuit a praetore decerni, si sit civilis vel honoraria, qua possit experiri: usque adeo, ut et Pedius libro octavo scribit, etiam si

3.7 意思的缺陷：诈欺
（D. 4, 3）

D. 4, 3, 1pr.　乌尔比安:《告示评注》第 11 卷

裁判官以这一告示提供救济对抗反复无常而奸诈的、以某种骗局损害他人者，使他们的诡计不能获利，使受害者的单纯不至于造成损失。

D. 4, 3, 1, 1　乌尔比安:《告示评注》第 11 卷

告示上 [1] 的话是这些："对被查实因恶意诈欺 [2] 实施的行为，如果对此无别的诉权并看来有正当根据，我将授予诉权。"

D. 4, 3, 7, 10　乌尔比安:《告示评注》第 11 卷

彭波尼也提到，切齐迪亚努斯裁判官未授予诈欺之诉对抗被确认为具有偿付能力的借款人，这是正确的，因为除非出于大的和明显的骗局，不应授予诈欺之诉。

D. 4, 3, 1, 4　乌尔比安:《告示评注》第 11 卷

裁判官说："如果对此无别的诉权。"裁判官正是在别的诉权的情况下才公正地应许这种诉权的，因为如果有市民法上的或荣誉法上的诉权可以提出，裁判官不应轻率地授予这一导致破廉耻的诉权。这样，像佩丢斯在其《告示评注》第 8 卷中所写的，

---

[1]　这一告示是由裁判官阿奎流斯·加鲁斯在公元前 66 年颁布的。

[2]　"恶意诈欺"（Dolus malus）在现代法律用语中仍保留下来，含义有所不同，指"预谋"。

interdictum sit quo quis experiri, vel exceptio qua se tueri possit, cessare hoc edictum. idem et Pomponius libro vicensimo octavo: et adicit, et si stipulatione tutus sit quis, eum actionem de dolo habere non posse, ut puta si de dolo stipulatum sit.

D. 4. 3. 1. 5   Ulpianus 11 ad ed.

Idem Pomponius ait et si actionem in nos dari non oporteat, veluti si stipulatio tam turpis dolo malo facta sit, ut nemo daturus sit ex ea actionem, non debere laborare, ut habeam de dolo malo actionem, cum nemo sit adversus me daturus actionem.

D. 4. 3. 1. 6   Ulpianus 11 ad ed.

Idem Pomponius refert Labeonem existimare, etiam si quis in integrum restitui possit, non debere ei hanc actionem competere: et si alia actio tempore finita sit, hanc competere non debere, sibi imputaturo eo qui agere supersedit: nisi in hoc quoque dolus malus admissus sit ut tempus exiret.

D. 4. 3. 1. 8   Ulpianus 11 ad ed.

Non solum autem si adversus eum sit alia actio, adversus quem de dolo quaeritur,

D. 4. 3. 2   Paulus 11 ad ed.

Vel ab eo res servari poterit,

D. 4. 3. 3   Ulpianus 11 ad ed.

Non habet hoc edictum locum, verum etiam si adversus alium.

D. 4. 3. 4   Paulus 11 ad ed.

Sit actio vel si ab alio res mihi servari potest.

倘若某人有可以实施的令状，或有可用以保卫自己的抗辩，不适用这一告示。彭波尼在其《告示评注》第28卷中持同样的看法，他还补充道，如果某人依靠要式口约可以自保，例如他就预防诈欺订有要式口约的情况，他不能享有诈欺之诉。

D. 4, 3, 1, 5 乌尔比安：《告示评注》第11卷

彭波尼还说：如果不应授予对抗我们的诉权，例如，靠恶意诈欺订立的要式口约非常失德，无人会根据它授予诉权，此时，我不应致力于取得恶意诈欺之诉，因为无人会授予对抗我的诉权。

D. 4, 3, 1, 6 乌尔比安：《告示评注》第11卷

彭波尼还提到，拉贝奥认为：如果某人可以获得完全的恢复原状，不应让他援用这一诉权。如果其他的诉权因时间的经过已完结，也不应援用这一诉权，疏于起诉的人应自己担责，如果原告被实施了恶意诈欺才造成时间的经过，则另当别论。

D. 4, 3, 1, 8 乌尔比安：《告示评注》第11卷

此外，不仅在还有另一个诉权对抗其诈欺受调查者的情况下，

D. 4, 3, 2 保罗：《告示评注》第11卷

或对于他来说，应受法律保护的情势不能以别的方式保护，

D. 4, 3, 3 乌尔比安：《告示评注》第11卷

则不适用该告示，但即使对抗另一人，

D. 4, 3, 4 保罗：《告示评注》第11卷

也有诉权，或对于这另一人来说，应受法律保护的情势不能以别的方式保护，也不适用该告示。①

---

① 以上又是拼接式的段落。

3. De forma recta voluntatis et demonstratione

D. 4. 3. 5   Ulpianus 11 ad ed.

Ideoque si quis pupillus a Titio, tutore auctore colludente, circumscriptus sit, non debere eum de dolo actionem adversus Titium habere, cum habeat tutelae actionem, per quam consequatur quod sua intersit. plane si tutor solvendo non sit, dicendum erit de dolo actionem dari ei.

D. 4. 3. 6   Gaius 4 ad ed. provinc.

Nam is nullam videtur actionem habere, cui propter inopiam adversarii inanis actio est.

D. 4. 3. 7. 2   Ulpianus 11 ad ed.

Pomponius autem, etiam si popularis actio sit, cessare de dolo ait actionem.

D. 4. 3. 7. 3   Ulpianus 11 ad ed.

Non solum autem si alia actio non sit, sed et si dubitetur an alia sit, putat Labeo de dolo dandam actionem et adfert talem speciem. qui servum mihi debebat vel ex venditione vel ex stipulatu, venenum ei dedit et sic eum tradidit: vel fundum, et dum tradit, imposuit ei servitutem vel aedificia diruit, arbores excidit vel extirpavit: ait Labeo, sive cavit de dolo sive non, dandam in eum de dolo actionem, quoniam si cavit, dubium est, an competat ex stipulatu actio. sed est verius, si quidem de dolo cautum est, cessare actionem de dolo, quoniam est ex stipulatu actio: si non est cautum, in ex empto quidem actione cessat de dolo actio, quoniam est ex empto, in ex stipulatu de dolo actio necessaria est.

D. 4, 3, 5   乌尔比安:《告示评注》第11卷

因此,如果作为原告的监护人与蒂丘斯通谋,欺骗了被监护人,他不应享有对抗蒂丘斯的诈欺之诉,因为他享有监护诉权,借此他将恢复他可能遭受的损害。显然,如果监护人支付不能,必须说要授予他诈欺之诉。

D. 4, 3, 6   盖尤斯:《行省告示评注》第4卷

由于相对人的贫困,所提的诉讼是无用的人,被视为无任何诉权。

D. 4, 3, 7, 2   乌尔比安:《告示评注》第11卷

彭波尼还说,倘若有众有诉权,[①] 不适用诈欺之诉。

D. 4, 3, 7, 3   乌尔比安:《告示评注》第11卷

但拉贝奥认为,不仅在没有其他诉权的情况下,而且在对是否有其他诉权没有疑问的情况下,才须授予诈欺诉权。他说明了这种情况:由于出售或由于要式口约欠我一个奴隶的人,给他服了毒,然后这样把他交付给我;或者所欠的是土地,在交付的时候,已使土地承担了役权,或者破坏了上面的建筑物、砍掉了树或把树连根挖出。拉贝奥说,无论该人是否已订立预防诈欺的要式口约,都必须授予诈欺诉权对抗他。因为如果他订立了这样的要式口约,疑问在于是否根据该要式口约发生诉权。更为正确的说法是:如果他确实订立了预防诈欺的要式口约,不适用诈欺之诉,因为已有以该要式口约为根据的诉权;如果他未订立这样的要式口约,在买受之诉中确实不适用诈欺之诉,因为已有买受之诉,在要式口约之诉中,诈欺之诉是必须的。

---

① Popularis actio 直译为"人民诉权",指人人可得行使之诉权,根据这一意思,意译为"众有诉权"。

3. De forma recta voluntatis et demonstratione

D. 4. 3. 7. 4   Ulpianus 11 ad ed.

Si servum usurarium proprietarius occidit, legis aquiliae actioni et ad exhibendum accedit, si possidens proprietarius occidit, ideoque cessat de dolo actio.

D. 4. 3. 7. 5   Ulpianus 11 ad ed.

Item si servum legatum heres ante aditam hereditatem occiderit, quoniam priusquam factus sit legatarii, interemptus est, cessat legis aquiliae actio: de dolo autem actio, quocumque tempore eum occiderit, cessat, quia ex testamento actio competit.

D. 4. 3. 7. 7   Ulpianus 11 ad ed.

Idem Labeo quaerit, si compeditum servum meum ut fugeret solveris, an de dolo actio danda sit? et ait Quintus apud eum notans: si non misericordia ductus fecisti, furti teneris: si misericordia, in factum actionem dari debere.

D. 4. 3. 7. 9   Ulpianus 11 ad ed.

Si dolo malo procurator passus sit vincere adversarium meum, ut absolveretur, an de dolo mihi actio adversus eum qui vicit competat, potest quaeri. et puto non competere, si paratus sit reus transferre iudicium sub exceptione hac 'si collusum est' : alioquin de dolo actio erit danda, scilicet si cum procuratore agi non possit, quia non esset solvendo.

D. 4, 3, 7, 4   乌尔比安:《告示评注》第 11 卷

如果所有人杀死他人享有使用权的奴隶,他要承担阿奎流斯法之诉和出示之诉;如果所有人是在占有奴隶的情况下杀的,由于这一事实,他不承担诈欺之诉。

D. 4, 3, 7, 5   乌尔比安:《告示评注》第 11 卷

同样,如果继承人于接受遗产前杀死作为遗赠物的奴隶,因为奴隶是在受遗赠人取得之前被杀的,不适用阿奎流斯法之诉。事实上,不论何时杀死他,都不适用诈欺之诉,因为可根据遗嘱之诉起诉。

D. 4, 3, 7, 7   乌尔比安:《告示评注》第 11 卷

拉贝奥也问道:如果你为了让他逃跑解开了我的被缚的奴隶,是否须授予诈欺之诉?而昆图斯[1]在对拉贝奥作品的注释中说:如果你这样做不是出于怜悯,你承担盗窃之诉;如果是出于怜悯,应授予原告基于事实之诉。

D. 4, 3, 7, 9   乌尔比安:《告示评注》第 11 卷

如果代理人[2]以恶意诈欺任凭我的相对人赢,以便让他得到开释,可以问:是否授予我诈欺之诉对抗赢了的人?而我认为,如果被告已准备把诉讼转到这一“如果有通谋”的抗辩名目下,不发生这一诉权。否则不消说,如果由于代理人支付不能而不能对他起诉,必须授予诈欺之诉。

---

[1] “昆图斯”指昆图斯·切尔维丢斯·谢沃拉,著有《学说汇纂》(40 卷)、《问题集》(20 卷)等,在本书的附录中,未记录他有《拉贝奥评注》之类的作品。

[2] “代理人”的原文为 Procuratore,也可译为“事务经管人”。这些人都是主人的奴隶,代其承担一定的管理工作。他们是否为现代意义上的“代理人”,学界有争论。我国罗马法学界的通说认为:罗马法中并无现代意义的代理制度。

3. De forma recta voluntatis et demonstratione

D. 4. 3. 18. 5 Paulus 11 ad ed.

Si servum, quem tu mihi promiseras, alius occiderit, de dolo malo actionem in eum dandam plerique recte putant, quia tu a me liberatus sis: ideoque legis aquiliae actio tibi denegabitur.

D. 4. 3. 20pr. Paulus 11 ad ed.

Servus tuus cum tibi deberet nec solvendo esset, hortatu tuo pecuniam mutuam a me accepit et tibi solvit: Labeo ait de dolo malo actionem in te dandam, quia nec de peculio utilis sit, cum in peculio nihil sit, nec in rem domini versum videatur, cum ob debitum dominus acceperit.

D. 4. 3. 9. 5 Ulpianus 11 ad ed.

Merito causae cognitionem praetor inseruit: neque enim passim haec actio indulgenda est. nam ecce in primis, si modica summa sit,

D. 4. 3. 11pr. Ulpianus 11 ad ed.

Non debet dari.

D. 4. 3. 18. 4 Paulus 11 ad ed.

Dolo cuius effectum est, ut lis temporibus legitimis transactis pereat: Trebatius ait de dolo dandum iudicium, non ut arbitrio iudicis res restituatur, sed ut tantum actor consequatur, quanti eius interfuerit id non esse factum, ne aliter observantibus lex circumscribatur.

D. 4. 3. 39 Gaius 27 ad ed. provinc.

Si te Titio optuleris de ea re quam non possidebas in hoc ut alius usucapiat, et iudicatum solvi satisdederis: quamvis absolutus sis, de dolo

D. 4, 3, 18, 5　保罗:《告示评注》第 11 卷

如果他人杀害了你允诺给我的奴隶，多数法学家正确地认为，必须授予诈欺之诉对抗他，因为你已被解除了对我的责任，因此不能对你提起阿奎流斯法之诉。

D. 4, 3, 20pr.　保罗:《告示评注》第 11 卷

如果你的奴隶欠你的债，并且支付不能，他按你的劝说从我接受了现金借贷并偿付于你，拉贝奥说:必须授予诈欺之诉对抗你，因为特有产之诉由于特有产已荡然无存而无用;转化物之诉，由于主人是因债做的收受，似乎也已无用。

D. 4, 3, 9, 5　乌尔比安:《告示评注》第 11 卷

裁判官公正地规定了对案情进行调查，因为不应不加选择地授予这种诉权，例如，首先，如果数额不大，

D. 4, 3, 11pr.　乌尔比安:《告示评注》第 11 卷

不应授予这一诉权。

D. 4, 3, 18, 4　保罗:《告示评注》第 11 卷

某人以其诈欺造成法定的起诉期间白白经过。特雷巴丘斯说必须授予诈欺之诉，以便不是根据法官的自由裁量使财产得到返还，而是让原告获得如果此事未发生他将取得的全部利益，以便关于期间的法律不受规避，让遵守此等法律的人吃亏。

D. 4, 3, 39　盖尤斯:《行省告示评注》第 27 卷

如果为了让他人以时效取得某物，[1]你作为蒂丘斯的被告出席了涉及这一你并未占有的物的诉讼，并且你就履行判决提供了

---

[1]　这里涉及的情况是这样的:设有当事人ABC三人，A占有一块C的土地很久了，即将完成取得时效。有人对C说知此事。为了中断时效须起诉，C打算起诉A。但此时B出来诈欺地说:我是占有人。这样，C起诉了B。A利用这一诉讼期间完成了时效，成了所有人。

malo tamen teneberis: et ita Sabino placet.

D. 4. 3. 11. 1   Ulpianus 11 ad ed.

Et quibusdam personis non dabitur, ut puta liberis vel libertis adversus parentes patronosve, cum sit famosa. sed nec humili adversus eum qui dignitate excellet debet dari: puta plebeio adversus consularem receptae auctoritatis, vel luxurioso atque prodigo aut alias vili adversus hominem vitae emendatioris. et ita Labeo. quid ergo est ? in horum persona dicendum est in factum verbis temperandam actionem dandam, ut bonae fidei mentio fiat,

D. 4. 3. 12   Paulus 11 ad ed.

Ne ex dolo suo lucrentur.

D. 4. 3. 13pr.   Ulpianus 11 ad ed.

Heredibus tamen harum personarum, item adversus heredes de dolo actio erit danda.

D. 4. 3. 1. 2   Ulpianus 11 ad ed.

Dolum malum Servius quidem ita definiit machinationem quandam alterius decipiendi causa, cum aliud simulatur et aliud agitur. Labeo autem posse et sine simulatione id agi, ut quis circumveniatur: posse et sine dolo malo aliud agi, aliud simulari, sicuti faciunt, qui per eiusmodi dissimulationem deserviant et tuentur vel sua vel aliena: itaque ipse sic definiit dolum malum esse omnem calliditatem fallaciam machinationem

担保，尽管你得到了开释，但你要对恶意诈欺之诉承担责任。萨宾是这样决定的。

D. 4, 3, 11, 1　乌尔比安:《告示评注》第 11 卷

而这种诉权不授予某些人，例如授予子女或解放自由人对抗其尊亲或恩主，因为它是导致破廉耻的诉权。也不应把这种诉权授予卑贱者来对抗有官身的出众的人，例如授予平民来对抗其权威得到公认的卸任执政官；或授予放荡的、浪费的或其他微不足道的人来对抗有更正确的生活方式的人。拉贝奥是这样说的。那么，应怎样做？必须说，须授予其程式中的言辞缓和的基于事实之诉来对抗这些人，此等言辞中包括诚信。

D. 4, 3, 12　保罗:《告示评注》第 11 卷

他们不得从其诈欺中得利。

D. 4, 3, 13pr.　乌尔比安:《告示评注》第 11 卷

须授予卑贱者[①]的继承人以诈欺之诉，也要授予诈欺之诉对抗加害人的继承人。

D. 4, 3, 1, 2　乌尔比安:《告示评注》第 11 卷

塞尔维尤斯把恶意诈欺定义成伪装实施一个行为而实际上实施另一个行为，以欺骗他人的某种诡计。但拉贝奥说：没有伪装，也可实施恶意诈欺让人受骗，没有恶意诈欺，也可以实施一个行为，伪装实施另一个行为，通过这样的伪装保护自己或他人的利益的人，正是这样做的。[②]因此，他自己下了这样的定义：

---

① 身份低贱的诈欺行为的受害人生前因为身份低贱不能起诉身份高的加害人，他们死后，其继承人就可以这样做了。

② 在这里，拉贝奥把伪装与诈欺区分开来了。在古罗马，由于市民法严峻而烦琐，伪装行为极为流行，如买卖被伪装成拟诉弃权，解放被伪装成出卖家子，继承被伪装成信托等。这些伪装并无害他人，并且是改造市民法的推动力量，因此不得被看作诈欺行为。

ad circumveniendum fallendum decipiendum alterum adhibitam. Labeonis definitio vera est.

D. 4. 3. 1. 3   Ulpianus 11 ad ed.

Non fuit autem contentus praetor dolum dicere, sed adiecit malum, quoniam veteres dolum etiam bonum dicebant et pro sollertia hoc nomen accipiebant, maxime si adversus hostem latronemve quis machinetur.

D. 4. 3. 15. 1   Ulpianus 11 ad ed.

Sed an in municipes de dolo detur actio, dubitatur. et puto ex suo quidem dolo non posse dari: quid enim municipes dolo facere possunt? sed si quid ad eos pervenit ex dolo eorum, qui res eorum administrant, puto dandam. de dolo autem decurionum in ipsos decuriones dabitur de dolo actio.

D. 4. 3. 17pr.   Ulpianus 11 ad ed.

Si plures dolo fecerint et unus restituerit, omnes liberantur: quod si unus quanti ea res est praestiterit, puto adhuc ceteros liberari.

D. 4. 3. 17. 1   Ulpianus 11 ad ed.

Haec actio in heredem et ceteros successores datur dumtaxat de eo quod ad eos pervenit.

D. 4. 3. 9. 4a   Ulpianus 11 ad ed.

Haec de dolo actio noxalis erit: ideo Labeo quoque libro trigensimo praetoris peregrini scribit de dolo actionem servi nomine interdum de peculio, interdum noxalem dari. nam si ea res est, in quam dolus commissus est, ex qua de peculio daretur actio, et nunc in peculio

恶意诈欺是用于蒙蔽、误导、欺骗他人的一切骗局、阴谋和诡计。拉贝奥的定义是正确的。

D. 4, 3, 1, 3　乌尔比安:《告示评注》第 11 卷

裁判官觉得"诈欺"不够,还要加上"恶意的"限定,因为古代法学家也说过善意诈欺,他们意在用此语表示机灵,尤其是用来对付敌人和盗贼窃贼的机灵。

D. 4, 3, 15, 1　乌尔比安:《告示评注》第 11 卷

但是否授予诈欺之诉对抗自治市,存在疑问。我认为确实不能根据其诈欺授予这一诉权,因为自治市怎么可能实施诈欺呢?但如果由于管理自治市财产的人的诈欺自治市得到了某物,我认为必须授予。但如果自治市元老实施诈欺,诈欺之诉授予对抗此等元老本身。

D. 4, 3, 17pr.　乌尔比安:《告示评注》第 11 卷

如果多数人实施诈欺,而其中一人做了恢复原状,所有的人都被免除责任。如果其中一人就遭受的损害做了清偿,我认为其他人至此被免除责任。

D. 4, 3, 17, 1　乌尔比安:《告示评注》第 11 卷

这种诉权被授予对抗继承人和受遗赠人,但他们仅以其所得为限承担责任。

D. 4, 3, 9, 4a　乌尔比安:《告示评注》第 11 卷

这种诈欺诉权将是损害投偿诉权,因此,拉贝奥在他的《外事裁判官告示评注》[1]第 30 卷中也写道:对奴隶的诈欺行为,有时授予特有产之诉,有时授予损害投偿之诉。事实上,如果被实施诈欺的交易应该授予特有产之诉,则必须授予对抗特有产的诉

---

① 这一著作未被载入《学说汇纂》开端处的"本书所引古代作者及作品目录"。

dandam: sin vero ea sit, ex qua noxalis, hoc quoque noxale futurum.

D. 4. 3. 15. 3   Ulpianus 11 ad ed.

In hanc actione designari oportet, cuius dolo factum sit, quamvis in metu non sit necesse.

D. 4. 3. 16   Paulus 11 ad ed.

Item exigit praetor, ut comprehendatur, quid dolo malo factum sit: scire enim debet actor, in qua re circumscriptus sit, nec in tanto crimine vagari.

D. 4. 3. 18pr.   Paulus 11 ad ed.

Arbitrio iudicis in hac quoque actione restitutio comprehenditur: et nisi fiat restitutio, sequitur condemnatio quanti ea res est. ideo autem et hic et in metus causa actione certa quantitas non adicitur, ut possit per contumaciam suam tanti reus condemnari, quanti actor in litem iuraverit: sed officio iudicis debet in utraque actione taxatione iusiurandum refrenari.

D. 4. 3. 25   Paulus 11 ad ed.

Cum a te pecuniam peterem eoque nomine iudicium acceptum est, falso mihi persuasisti, tamquam eam pecuniam servo meo aut procuratori solvisses, eoque modo consecutus es, ut consentiente me absolveris: quaerentibus nobis, an in te doli iudicium dari debeat, placuit de dolo actionem non dari, quia alio modo mihi succurri potest: nam ex integro agere possum et si obiciatur exceptio rei iudicatae, replicatione iure uti potero.

权；但如果交易是要授予损害投偿之诉的，在这种情况下，也将发生损害投偿之诉。[1]

D. 4, 3, 15, 3 乌尔比安：《告示评注》第 11 卷

在这样的诉讼中，必须指出谁实施了诈欺，不过在胁迫案件中无此必要。

D. 4, 3, 16 保罗：《告示评注》第 11 卷

裁判官也要求讲清楚以恶意诈欺做了什么，因为原告应当知道在什么事情上受了骗。在如此严重的控告中，他不应糊里糊涂。

D. 4, 3, 18pr. 保罗：《告示评注》第 11 卷

依法官的自由裁量，这一诉权中也可包括恢复原状；而如果不做出恢复原状，将接着就所遭受的损害做出判决。因此，在这种诉权和因胁迫的诉权中，都不另外规定确定的赔偿金额，以便可以因其拒绝出庭判处被告由原告以讼额估价宣誓确定的金额。但在这两种诉讼中，法官都应依职权使宣誓讼额估价得到控制。

D. 4, 3, 25 保罗：《告示评注》第 11 卷

如果我对你请求金钱，以此为根据的诉讼已被接受，你以谎言说服我相信你已对我的奴隶或代理人清偿了该金钱，你接着以这种方式经我同意得到了开释。我们被问：是否应授予诈欺诉权对抗你？我们不赞成授予诈欺之诉，因为我可以以其他方式得到救济，因为我可以重新起诉，而如果受到既判力之抗辩的阻碍，我可以依法使用反抗辩。

---

[1] 从这一法言可以看出，奴隶的私犯要株连主人（尽管主人只承担有限责任），但家子的私犯不株连主人。参见本书中的 D. 50, 17, 58。

3. 8   De exceptione doli generalis

(D. 2. 14 ; 8. 1 ; 10. 3 ; 30. 84 ; 42. 1 ; 44. 4)

D. 44. 4. 12   Papinianus 3 quaest.

Qui aequitate defensionis infringere actionem potest, doli exceptione tutus est.

D. 44. 4. 1. 1   Paulus 71 ad ed.

Ideo autem hanc exceptionem praetor proposuit, ne cui dolus suus per occasionem iuris civilis contra naturalem aequitatem prosit.

D. 44. 4. 2. 1   Ulpianus 76 ad ed.

Sequitur, ut videamus, in quibus causis locum habeat exceptio et quibus personis obiciatur. et quidem illud adnotandum est, quod specialiter exprimendum est, de cuius dolo quis queratur, non in rem 'si in ea re nihil dolo malo factum est' , sed sic 'si in ea re nihil dolo malo actoris factum est' . docere igitur debet is, qui obicit exceptionem, dolo malo actoris factum, nec sufficiet ei ostendere in re esse dolum: aut si alterius dicat dolo factum, eorum personas specialiter debebit enumerare, dummodo hae sint, quarum dolus noceat.

D. 44. 4. 2. 2   Ulpianus 76 ad ed.

Plane ex persona eius, qui exceptionem obicit, in rem opponitur

3.8 一般的诈欺之抗辩 [①]

（D. 2, 14；8, 1；10, 3；30, 84；42, 1；44, 4）

D. 44, 4, 12 帕比尼安：《问题集》第3卷

诈欺的抗辩保护可以以防御的公平挫败一个诉权的人。

D. 44, 4, 1, 1 保罗：《告示评注》第71卷

裁判官之所以设置这一抗辩，是为了让以其诈欺利用市民法的机会违反自然公平地取利的人不能遂意。

D. 44, 4, 2, 1 乌尔比安：《告示评注》第76卷

接着让我们看在何种情况下适用这一抗辩，对何人提出？确实必须强调，必须特定地指明是谁实施了诈欺，因而它不是"如果在该案中没有因恶意诈欺实施任何行为"的对事抗辩，而是这种"如果在该案中没有因原告的恶意诈欺实施任何行为"的抗辩。因此，提出抗辩的人应该呈报原告以恶意诈欺所做的事情。他说明在案件中存在诈欺或说他人做了恶意诈欺之事是不够的。如果他主张他人实施了诈欺，只要其诈欺损害了他，他甚至必须专门列出他们的名字。

D. 44, 4, 2, 2 乌尔比安：《告示评注》第76卷

显然，对于提出这一抗辩的人来说，是对事提出抗辩，因为

[①] 多数学者认为一般的诈欺之抗辩是诚信原则的源头。这一抗辩之名称中的"诈欺"一语，跟诈欺之诉中的"诈欺"一语在含义上颇为不同，前者指违反公平的行为，后者指欺骗行为。这种意思上的区别在本节所选的各法言中表现得很清楚。

exceptio: neque enim quaeritur, adversus quem commissus sit dolus, sed an in ea re dolo malo factum sit a parte actoris.

D. 44. 4. 2. 3   Ulpianus 76 ad ed.

Circa primam speciem, quibus ex causis exceptio haec locum habeat, haec sunt, quae tractari possunt. si quis sine causa ab aliquo fuerit stipulatus, deinde ex ea stipulatione experiatur, exceptio utique doli mali ei nocebit: licet enim eo tempore, quo stipulabatur, nihil dolo malo admiserit, tamen dicendum est eum, cum litem contestatur, dolo facere, qui perseveret ex ea stipulatione petere: et si cum interponeretur, iustam causam habuit, tamen nunc nullam idoneam causam habere videtur. proinde et si crediturus pecuniam stipulatus est nec credidit et si certa fuit causa stipulationis, quae tamen aut non est secuta aut finita est, dicendum erit nocere exceptionem.

D. 44. 4. 2. 5   Ulpianus 76 ad ed.

Et generaliter sciendum est ex omnibus in factum exceptionibus doli oriri exceptionem, quia dolo facit, quicumque id, quod quaqua exceptione elidi potest, petit: nam et si inter initia nihil dolo malo facit, attamen nunc petendo facit dolose, nisi si talis sit ignorantia in eo, ut dolo careat.

D. 44. 4. 4. 1   Ulpianus 76 ad ed.

Iulianus scripsit, si quis, cum aeger esset, centum aureos uxoris suae consobrino spopondisset, volens scilicet eam pecuniam ad mulierem pervenire, deinde convaluerit, an exceptione uti possit, si conveniatur. et refert Labeoni placuisse doli mali uti eum posse.

甚至不调查对谁实施了诈欺，而只调查在该案中原告方是否实施了恶意诈欺。

D. 44, 4, 2, 3[①]　　乌尔比安：《告示评注》第 76 卷

关于第一种情况，也即依据何种原因适用这种抗辩的情况，是这样的。如果某人无原因地成了与他人的要式口约的债权人，然后根据该要式口约起诉该人，他必然要受到恶意诈欺之抗辩的阻碍，因为就算他在成为要式口约的债权人时未实施任何恶意诈欺，但必须说，坚持根据该要式口约为请求的人，在证讼时实施了诈欺；即使他在中间期间有了正当的原因，但现在他被认为没有任何适当的原因。所以，即使某人以要式口约允诺将贷出金钱而没有贷出，如果要式口约有确定的原因，但它没有接着发生或已消失，必须说在这种情况中适用这一抗辩。

D. 44, 4, 2, 5　　乌尔比安：《告示评注》第 76 卷

总之必须知道，诈欺的抗辩来源于所有的基于事实的抗辩，因为任何人要求可以被任何抗辩挫败的事情，他就是以诈欺行事，因为即使他在开头未实施任何诈欺，而现在他以提出要求在诈欺地行事。如果他极为不知情，可以被认为没有实施诈欺，则另当别论。

D. 44, 4, 4, 1　乌尔比安：《告示评注》第 76 卷

尤里安写道：如果某人在他得病时，答应给其妻子的堂兄 100 个金币，不消说，当时他想让妻子得到这笔钱。后来他痊愈，如果他因未偿付这笔钱而被诉，他可否使用这一抗辩？尤里安提到，拉贝奥已决定：他可利用恶意诈欺的抗辩。[②]

---

① 此段在本书关于原因的第 4 节中第二次出现。

② 在这个小案例中，丈夫因为疾病感到自己大限将临，想把财产留给妻子。但在罗马法中，夫妻之间不得为赠与，为了规避这一限制，他把钱允诺给他妻子的堂兄。后来他病好了，不想履行原来的诺言。由于原来的法律行为失去了存在的基础，因此，他妻子的堂兄对他的诉追不能成功。

3. De forma recta voluntatis et demonstratione

D. 8. 1. 4pr.   Papinianus 7 quaest.

Servitutes ipso quidem iure neque ex tempore neque ad tempus neque sub condicione neque ad certam condicionem (verbi gratia 'quamdiu volam') constitui possunt: sed tamen si haec adiciantur, pacti vel per doli exceptionem occurretur contra placita servitutem vindicanti: idque et Sabinum respondisse Cassius rettulit et sibi placere.

D. 2. 14. 10. 2   Ulpianus 4 ad ed.

Plerumque solemus dicere doli exceptionem subsidium esse pacti exceptionis: quosdam denique, qui exceptione pacti uti non possunt, doli exceptione usuros et Iulianus scribit et alii plerique consentiunt. ut puta si procurator meus paciscatur, exceptio doli mihi proderit, ut Trebatio videtur, qui putat, sicuti pactum procuratoris mihi nocet, ita et prodesse,

D. 10. 3. 14. 1   Paulus 3 ad plaut.

Impendia autem, quae dum proprium meum fundum existimo feci, quae scilicet, si vindicaretur fundi pars, per exceptionem doli retinere possem, an etiam, si communi dividundo iudicio mecum agetur, aequitate ipsius iudicii retinere possim, considerandum est. quod quidem magis puto, quia bonae fidei iudicium est communi dividundo: sed hoc ita, si mecum agatur. ceterum si alienavero partem meam, non erit unde retinere possim. sed is, qui a me emerit, an retinere possit, videndum est: nam et si vindicaretur ab eo pars, impendiorum nomine, quae ego fecissem, ita ut ego poterat retentionem facere: et verius est, ut et in hac specie expensae retineantur. quae cum ita sint, rectissime dicitur etiam impendiorum nomine utile iudicium dari debere mihi in socium etiam manente rei communione. diversum est enim, cum quasi in rem meam impendo, quae sit aliena aut communis: hoc enim casu, ubi quasi

D. 8, 1, 4pr.　帕比尼安:《问题集》第 7 卷

按照严格法,役权不能附带"从某个时候起""直到某个时候""在某种条件下"或"根据某一特定的条件(如只要我愿意)"这样的条款设立。不过,如果附加了这些条款,要求行使役权的人可提起达成了简约的抗辩或诈欺抗辩来反对这些条款。卡修斯说这也是萨宾的观点,他跟随之。

D. 2, 14, 10, 2　乌尔比安:《告示评注》第 4 卷

在多数情况下,我们惯于说诈欺的抗辩是简约的抗辩的后备。因此,某些不能使用简约的抗辩的人,将使用诈欺的抗辩,尤里安是这样写的,其他多数法学家都同意。例如,如果我的代理人订立了一个简约,正像特雷巴丘斯所认为的,我可以获得诈欺的抗辩的帮助,他认为,就像我的代理人订立的简约可以有害于我一样,也可以有利于我。

D. 10, 3, 14, 1　保罗:《普劳提评注》第 3 卷

然而,在我认为土地是我自己的情况下,我对之发生了费用,如果土地的一部分被提起原物返还之诉,不消说,我可借助于诈欺的抗辩留置该土地。我们必须考虑,如果对我提起分割共有财产之诉,我是否也可根据上述诉权本身的公平性进行留置?我的确认为我可以,因为分割共有财产之诉是诚信诉讼,但只有在我被起诉的情况下才是如此。如果我转让了我的份额,我将不能因费用作任何留置。但我们必须认为,从我购得这一份额的人可以进行留置。事实上,如果他被相对人要求返还土地,他可以像我一样为我投入的费用进行留置。费用在这种分割共有财产之诉中被留置,是更好的观点。在这种情况下,人们可以非常正确地说:尽管共有关系仍在继续,我应为我支出的费用被授予对抗我的合伙人的扩用诉权。事实上,我认为某物是我自己的而为

in rem meam impendo, tantum retentionem habeo, quia neminem mihi obligare volui. at cum puto rem Titii esse, quae sit Maevii, aut esse mihi communem cum alio quam est, id ago, ut alium mihi obligem, et sicut negotiorum gestorum actio datur adversus eum cuius negotia curavi, cum putarem alterius ea esse, ita et in proposito. igitur et si abalienavero praedium, quia in ea causa fuit, ut mihi actio dari deberet, danda mihi erit, ut Iulianus quoque scribit, negotiorum gestorum actio.

D. 30. 84. 5 Iulianus 33 dig.

Qui servum testamento sibi legatum, ignorans eum sibi legatum, ab herede emit, si cognito legato ex testamento egerit et servum acceperit, actione ex vendito absolvi debet, quia hoc iudicium fidei bonae est et continet in se doli mali exceptionem. quod si pretio soluto ex testamento agere instituerit, hominem consequi debebit, actione ex empto pretium reciperabit, quemadmodum reciperaret, si homo evictus fuisset. quod si iudicio ex empto actum fuerit et tunc actor compererit legatum sibi hominem esse et agat ex testamento, non aliter absolvi heredem oportebit, quam si pretium restituerit et hominem actoris fecerit.

D. 44. 4. 5. 6 Paulus 71 ad ed.

Non sicut de dolo actio certo tempore finitur, ita etiam exceptio eodem tempore danda est: nam haec perpetuo competit, cum actor quidem in sua potestate habeat, quando utatur suo iure, is autem cum quo agitur non habeat potestatem, quando conveniatur.

D. 44. 4. 4. 3 Ulpianus 76 ad ed.

Item quaeritur, si cum eo, a quo tibi sexaginta deberentur, compromiseris, deinde per imprudentiam poenam centum stipulatus fueris.

它花费金钱，与该物是别人的或共有的，是两种不同的情况，因为在这种我认为是我自己的土地而对它花钱的情况中，我仅仅享有留置权，因为我并不打算让任何人与我发生债。但在我认为物属于蒂丘斯，而事实上它属于梅维尤斯，或认为我与某些并非真正的共有人共同拥有它的情况下，我是为了让别人与我发生债而行为的，就像我被授予无因管理之诉对抗我在信其为别人的事务的情况下管理了其事务的人一样，所以我也被赋予上述诉权。因此，即使我转让了土地，由于我处在应被授予诉权的地位，必须授予我无因管理之诉，这也是尤里安所写的。

D. 30, 84, 5　尤里安:《学说汇纂》第 33 卷

某人被按遗嘱遗赠给他一个奴隶，因为不知道该奴隶已被遗赠给他，遂从继承人购得该奴隶。如果他知悉遗赠后根据遗嘱起诉并接受了该奴隶，他应被从出售之诉中开释，因为这种诉权是诚信诉权，其本身包含了恶意诈欺的抗辩。如果他偿付价金后根据遗嘱着手起诉，他应获得奴隶并根据买受之诉收回价金，正如在奴隶被追夺的情况下他收回价金一样。如果已根据买受之诉起诉，而原告当时才获悉奴隶被遗赠给了他并根据遗嘱起诉，继承人只有通过返还价金并把对奴隶的所有权移转给原告，才能得到开释。

D. 44, 4, 5, 6　保罗:《告示评注》第 71 卷

虽然诈欺之诉在确定的期间内消灭，诈欺的抗辩不必在同一期间内提出，因为它是可永久享有的。确实，原告有权决定何时行使其权利，但相反，被告对什么时候被起诉不享有权力。

D. 44, 4, 4, 3　乌尔比安:《告示评注》第 76 卷

也有人问:如果有人欠你 60 个币，你与他达成了仲裁协议，然后由于不谨慎，你与他订立要式口约，允诺如不遵守仲裁裁决

3. De forma recta voluntatis et demonstratione

Labeo putat convenire officio arbitri iubere tantum tibi dari, quantum re vera debeatur, et, si non fiat, non vetare, ne quid amplius petatur: sed etiamsi id omissum fuerit, peti posse quod debetur Labeo dicit, et si forte poena petatur, doli mali exceptionem profuturam.

D. 42. 1. 33   Callistratus 5 de cogn.

Divus Hadrianus, aditus per libellum a Iulio Tarentino et indicante eo falsis testimoniis, conspiratione adversariorum testibus pecunia corruptis, religionem iudicis circumventam esse, in integrum causam restituendam in haec verba rescripsit: 'exemplum libelli dati mihi a Iulio Tarentino mitti tibi iussi: tu, si tibi probaverit conspiratione adversariorum et testibus pecunia corruptis oppressum se, et rem severe vindica et, si qua a iudice tam malo exemplo circumscripto iudicata sunt, in integrum restitue'.

D. 44. 4. 2pr.   Ulpianus 76 ad ed.

Palam est autem hanc exceptionem ex eadem causa propositam, ex qua causa proposita est de dolo malo actio.

D. 44. 4. 2. 1   Ulpianus 76 ad ed.

Sequitur, ut videamus, in quibus causis locum habeat exceptio et quibus personis obiciatur. et quidem illud adnotandum est, quod specialiter exprimendum est, de cuius dolo quis queratur, non in rem 'si in ea re nihil dolo malo factum est', sed sic 'si in ea re nihil dolo malo actoris factum est'. docere igitur debet is, qui obicit exceptionem, dolo malo actoris factum, nec sufficiet ei ostendere in re esse dolum: aut si alterius dicat dolo factum, eorum personas specialiter debebit enumerare, dummodo hae sint, quarum dolus noceat.

将付 100 个币的罚金。拉贝奥认为：仲裁人的职责是命令债务人付给你实际欠你的金钱，如果债务人未这样做，不会禁止你主张更多的金额。但即使你撇开仲裁程序求诸审判，拉贝奥说，你也可要求还债，如果对方要求你支付罚金，恶意诈欺的抗辩将为你提供帮助。

D. 42, 1, 33　伽里斯特拉杜斯：《论审理》第 5 卷

神君阿德里亚努斯收到了尤流斯·塔伦蒂努斯的申诉书，后者指出，由于相对人的阴谋，证人受金钱腐蚀，法官的良好判断力受到了虚假证词的欺骗。对这一必须完全恢复原状的案件，阿德里亚努斯做了这样措辞的批复："我命令发给你尤流斯·塔伦蒂努斯给我的申诉书的副本，如果他能对你证明，他由于相对人的阴谋以及证人受金钱的腐蚀而败诉，你要严办此案。如果法官受到了这样恶劣的行为的欺骗而做出判决，你要完全恢复原状。"

D. 44, 4, 2pr.　乌尔比安：《告示评注》第 76 卷

显然，提起这一抗辩的原因与提起诈欺之诉的原因同。

D. 44, 4, 2, 1　乌尔比安：《告示评注》第 76 卷

接着让我们看在何种情况下适用这一抗辩，对何人提出？确实必须强调，必须特定地指明是谁实施了诈欺，因而它不是"如果在该案中没有因恶意诈欺实施任何行为"的对事抗辩，而是这种"如果在该案中没有因原告的恶意诈欺实施任何行为"的抗辩。因此，提出抗辩的人应该呈报原告以恶意诈欺所做的事情。他说明在案件中存在诈欺或说他人做了恶意诈欺之事是不够的。如果他主张他人实施了诈欺，只要其诈欺损害了他，他甚至必须专门列出他们的名字。

3. 9   De errore in demonstratione

(D. 5. 2 ; 14. 6 ; 18. 1 ; 19. 1 ; 22. 6 ; 26. 2 ;
28. 5 ; 35. 1 ; 41. 2 ; 45. 1 ; 47. 2)

D. 18. 1. 9pr.   Ulpianus 28 ad sab.

In venditionibus et emptionibus consensum debere intercedere palam est: ceterum sive in ipsa emptione dissentient sive in pretio sive in quo alio, emptio imperfecta est. si igitur ego me fundum emere putarem Cornelianum, tu mihi te vendere Sempronianum putasti, quia in corpore dissensimus, emptio nulla est. idem est, si ego me Stichum, tu Pamphilum absentem vendere putasti: nam cum in corpore dissentiatur, apparet nullam esse emptionem.

D. 18. 1. 9. 1   Ulpianus 28 ad sab.

Plane si in nomine dissentiamus, verum de corpore constet, nulla dubitatio est, quin valeat emptio et venditio: nihil enim facit error nominis, cum de corpore constat.

D. 18. 1. 9. 2   Ulpianus 28 ad sab.

Inde quaeritur, si in ipso corpore non erratur, sed in substantia error sit, ut puta si acetum pro vino veneat, aes pro auro vel plumbum pro argento vel quid aliud argento simile, an emptio et venditio sit. Marcellus scripsit libro sexto digestorum emptionem esse et venditionem, quia in corpus consensum est, etsi in materia sit erratum. ego in vino quidem consentio, quia eadem prope ousia est, si modo vinum acuit: ceterum si

3.9　表示错误

（D. 5, 2；14, 6；18, 1；19, 1；22, 6；26, 2；
28, 5；35, 1；41, 2；45, 1；47, 2）

D. 18, 1, 9pr.　乌尔比安：《萨宾评注》第 28 卷

显然，在买卖合同中应形成合意，要是就买受本身或就价格以及其他事项双方意见不一，则买卖不成立。因此，要是我打算买一块科尔内流斯氏族的土地，而你想卖一块森普罗纽斯氏族的土地，由于未就买卖契约的标的达成合意，买卖无效。同样，要是我想卖的是奴隶斯提库斯，而你以为是卖当时不在场的班菲鲁斯，由于未就标的达成合意，显然买卖无效。

D. 18, 1, 9, 1　乌尔比安：《萨宾评注》第 28 卷

显然，如果我们仅仅是对标的物的名称有分歧，但就标的物本身达成了合意，毫无疑问，买卖有效，因为就标的本身达成合意后，就其名称发生错误，毫不要紧。

D. 18, 1, 9, 2　乌尔比安：《萨宾评注》第 28 卷

或问，如果就标的本身未发生错误，但将标的物的本质搞错了，诸如将醋当作葡萄酒，错将铜当作金，错将铅当作银，或是错将其他类似银的物质当作银出售，那么，在这种情况下买卖有效吗？马尔切勒在其《学说汇纂》第 6 卷中写道：买卖成立，因为已就买卖的标的达成了合意，尽管弄错了标的物的质料，依旧成立买卖。就葡萄酒而言，我同意马尔切勒的观点，因为如果酒变酸了，本质几乎完全相同，但如果不是葡萄酒变酸了，而

vinum non acuit, sed ab initio acetum fuit, ut embamma, aliud pro alio venisse videtur. in ceteris autem nullam esse venditionem puto, quotiens in materia erratur.

D. 19. 1. 21. 2   Paulus 33 ad ed.

Quamvis supra diximus, cum in corpore consentiamus, de qualitate autem dissentiamus, emptionem esse, tamen venditor teneri debet, quanti interest non esse deceptum, etsi venditor quoque nesciet: veluti si mensas quasi citreas emat, quae non sunt.

D. 18. 1. 45   Marcianus 4 reg.

Labeo libro posteriorum scribit, si vestimenta interpola quis pro novis emerit, Trebatio placere ita emptori praestandum quod interest, si ignorans interpola emerit. quam sententiam et Pomponius probat, in qua et Iulianus est, qui ait, si quidem ignorabat venditor, ipsius rei nomine teneri, si sciebat, etiam damni quod ex eo contingit: quemadmodum si vas aurichalcum pro auro vendidisset ignorans, tenetur, ut aurum quod vendidit praestet.

D. 22. 6. 3. 1   Pomponius 3 ad sab.

Sed Cassius ignorantiam Sabinum ita accipiendam existimasse refert non deperditi et nimium securi hominis.

D. 22. 6. 6   Ulpianus 18 ad l. iul. et pap.

Nec supina ignorantia ferenda est factum ignorantis, ut nec scrupulosa inquisitio exigenda: scientia enim hoc modo aestimanda est, ut neque neglegentia crassa aut nimia securitas satis expedita sit neque delatoria curiositas exigatur.

从一开始就是醋，就像醋酱汁①一样，那么，似乎就是将一种物品当作另一种物品出售了。因此，我认为，如果弄错了质料，出售无效。

D. 19, 1, 21, 2 保罗：《告示评注》第 33 卷

正如我们前面讲过的，如果我们就标的物达成了合意，但就标的物的品质未达成一致，买卖成立，但卖方要向买方赔偿如果未受欺骗将获得的利益，尽管他可能对品质问题不知，例如，买方买了一张并非柠檬木的柠檬木桌子。

D. 18, 1, 45 马尔西安：《规则集》第 4 卷

拉贝奥在其《遗作》中写道：如果有人将翻新的衣服当作新衣购买，特雷巴丘斯决定，要是买方不知衣服为翻新的而购买之，他损失的利益必须得到赔偿，彭波尼和尤里安赞成这一观点。尤里安认为，即使卖方不知情，仍要就此事承担责任。要是卖方是明知的，则还要承担损害赔偿责任。同样，如果卖方在不知的情况下将看来像金子的山铜②做的花瓶当作金花瓶出售，要向买方承担出售金花瓶的责任。

D. 22, 6, 3, 1 彭波尼：《萨宾评注》第 3 卷

卡修斯提到，萨宾认为必须把不知理解为不包括失魂落魄者和极为漫不经心者的不知。

D. 22, 6, 6 乌尔比安：《优流斯及帕皮尤斯法评注》第 18 卷

漫不经心者的不知并不必然导致不知的成立，因此也不必根据细致的查考来测定。因为必须这样来评定知情：它既不解脱重大的疏忽或极度的漫不经心，也不要求告密人的好奇心。

---

① 用以腌制食物、为食物添加味道的腌泡汁、腌渍用醋汁或酱汁。

② 一种金黄色的铜合金（即黄铜），用来制造硬币。

3. De forma recta voluntatis et demonstratione

D. 41. 2. 34pr.   Ulpianus 7 disp.

Si me in vacuam possessionem fundi Corneliani miseris, ego putarem me in fundum Sempronianum missum et in Cornelianum iero, non adquiram possessionem, nisi forte in nomine tantum erraverimus, in corpore consenserimus. quoniam autem in corpore consenserimus, an a te tamen recedet possessio, quia animo deponere et mutare nos possessionem posse et Celsus et Marcellus scribunt, dubitari potest: et si animo adquiri possessio potest, numquid etiam adquisita est? sed non puto errantem adquirere: ergo nec amittet possessionem, qui quodammodo sub condicione recessit de possessione.

D. 45. 1. 83. 1   Paulus 72 ad ed.

Si Stichum stipulatus de alio sentiam, tu de alio, nihil actum erit. quod et in iudiciis Aristo existimavit: sed hic magis est, ut is petitus videatur, de quo actor sensit. nam stipulatio ex utriusque consensu valet, iudicium autem etiam in invitum redditur et ideo actori potius credendum est: alioquin semper negabit reus se consensisse.

D. 18. 1. 10   Paulus 5 ad sab.

Aliter atque si aurum quidem fuerit, deterius autem quam emptor existimaret: tunc enim emptio valet.

D. 18. 1. 11. 1   Ulpianus 28 ad sab.

Quod si ego me virginem emere putarem, cum esset iam mulier, emptio valebit: in sexu enim non est erratum. ceterum si ego mulierem venderem, tu puerum emere existimasti, quia in sexu error est, nulla emptio, nulla venditio est.

D. 18. 1. 14   Ulpianus 28 ad sab.

Quid tamen dicemus, si in materia et qualitate ambo errarent? ut

D. 41, 2, 34pr.　乌尔比安:《论断集》第 7 卷

如果你派我去取得对科尔内流斯氏族土地的排他占有,而我认为我被派去取得对森普罗纽斯氏族土地的排他占有,我进入科尔内流斯氏族的土地,我并不取得对它的占有,除非我们可能只是对名称发生了错误,对土地本身达成了合意。但虽然我们对土地本身达成了合意,但你是否失去了占有,可以提出疑问,因为杰尔苏和马尔切勒都写道:我们可以通过心素放弃或改变占有。如果可通过心素取得占有,本案中,占有难道不是已经取得了吗?但我不认为陷入错误的人取得了占有,因此以某种方式附条件地放弃占有的人,也不丧失占有。

D. 45, 1, 83, 1　保罗:《告示评注》第 72 卷

如果以斯提库斯为标的订立了要式口约,我想到的是这个斯提库斯,你想到的是那个斯提库斯,不发生任何交易行为。阿里斯托认为这种情况也要审理。而更好的意见是原告想到的人被视为被要求的人。要式口约确实根据双方的合意生效,但也可违背某人的意志做出判决,因此相信原告更可取,否则,被告会总是否认他做出了同意。

D. 18, 1, 10　保罗:《萨宾评注》第 5 卷

此外,如果标的物确实是金子,但成色低于买主所估计的,在这种情况下,购买有效。

D. 18, 1, 11, 1　乌尔比安:《萨宾评注》第 5 卷

然而,如果我认为我在买一位已经是婆娘的处女,买受有效,因为未发生对性别的错误。但如果我卖给你一个婆娘,你却以为你买的一位男孩,由于就性别发生错误,买卖无效。

D. 18, 1, 14　乌尔比安:《萨宾评注》第 28 卷

那么,如果双方当事人都对材料和品质发生了错误,我们要

3. De forma recta voluntatis et demonstratione

puta si et ego me vendere aurum putarem et tu emere, cum aes esset? ut puta coheredes viriolam, quae aurea dicebatur, pretio exquisito uni heredi vendidissent eaque inventa esset magna ex parte aenea? venditionem esse constat ideo, quia auri aliquid habuit. nam si inauratum aliquid sit, licet ego aureum putem, valet venditio: si autem aes pro auro veneat, non valet.

D. 18. 1. 41. 1   Iulianus 3 ad urs. ferocem.

Mensam argento coopertam mihi ignoranti pro solida vendidisti imprudens: nulla est emptio pecuniaque eo nomine data condicetur.

D. 14. 6. 3pr.   Ulpianus 29 ad ed.

Si quis patrem familias esse credidit non vana simplicitate deceptus nec iuris ignorantia, sed quia publice pater familias plerisque videbatur, sic agebat, sic contrahebat, sic muneribus fungebatur, cessabit senatus consultum.

D. 26. 2. 22   Ulpianus 45 ad ed.

Si quis tutorem dederit filio suo servum, quem putabat liberum esse, cum esset servus, is neque liber neque tutor erit.

D. 28. 5. 41   Iulianus 30 dig.

Si pater familias Titium, quem ingenuum esse credebat, heredem

说什么？例如，在标的物是铜的情况下，如果我认为我出卖、你购买的是金子。又如，共同继承人们以极妙的价格出卖被说成是金子的小手镯给一个继承人，而它被发现大部分成分是铜。显然成立出售，因为它有某些成分是金子。事实上，如果它是某种镀金的物品，就算我认为它是金子，出售有效。但如果把铜当作金子出售，则出售无效。

D. 18, 1, 41, 1　尤里安：《乌尔塞·费罗克斯评注》第3卷

你把一个镶银的供桌作为全银的卖给我，对此事实双方均不知情，买卖无效，可以这个理由请求返还价金。

D. 14, 6, 3pr.　乌尔比安：《告示评注》第29卷

如果某人 ① 相信借款人是家父，只要他不是因为无用的单纯受了骗，也不是出于对法的不知，而是因为该人在大多数情况下，例如在行为上、在订立合同上、在担任公职上被公众视为家父，不适用《马切多元老院决议》。②

D. 26, 2, 22　乌尔比安：《告示评注》第45卷

如果某人宣布一个他认为是自由人、实际上是其奴隶的人为他儿子的监护人，该奴隶既不成为自由人，也不成为监护人。

D. 28, 5, 41　尤里安：《学说汇纂》第30卷

如果一个家父指定他认为是生来自由人的蒂丘斯为继承人，

---

① 根据上下文，这里的"某人"是出借人。

② 《马切多元老院决议》中的"马切多"是一个人的名字，他是韦斯巴芗时代的一个元老的儿子，挥金如土，负债累累，人们拒绝继续借贷给他，于是他杀害其元老父亲，试图通过继承遗产来解决财务危机。事发后，人们注意采取立法手段避免这类事情的发生，元老院因此通过了禁止贷款给子的《马切多元老院决议》。这一元老院决议一反常例，不以决议草案提出者的名字命名，而以这一忤逆的儿子的名字命名。

scripserit eique, si heres non esset, Sempronium substituerit, deinde Titius, quia servus fuerat, iussu domini adierit hereditatem: potest dici Sempronium in partem hereditatis admitti. nam qui scit aliquem servum esse et eum heredem scribit et ita substituit: 'si Stichus heres non erit, Semprionius heres esto', intellegitur tale quod dicere: 'si Stichus neque ipse heres erit neque alium fecerit'. at qui eum, quem liberum putat esse, heredem scripserit, hoc sermone 'si heres non erit' nihil aliud intellegitur significare, quam si hereditatem vel sibi non adquisierit vel mutata condicione alium heredem non fecerit, quae adiectio ad eos pertinet, qui patres familias heredes scripti postea in servitutem deducti fuerint. igitur in hoc casu semisses fient ita, ut alter semis inter eum, qui dominus instituti heredis fuerit, et substitutum aequis portionibus dividatur:

D. 35. 1. 17. 1   Gaius 2 de legatis ad ed.

Igitur et si ita servus legatus sit: 'Stichum cocum', 'Stichum sutorem Titio lego', licet neque cocus neque sutor sit, ad legatarium pertinebit, si de eo sensisse testatorem conveniat: nam et si in persona legatarii designanda aliquid erratum fuerit, constat autem, cui legare voluerit, perinde valet legatum ac si nullus error interveniret.

D. 47. 2. 52. 15   Ulpianus 37 ad ed.

Servus, qui se liberum adfirmavit, ut sibi pecunia crederetur, furtum non facit: namque hic nihil amplius quam idoneum se debitorem adfirmat. idem est et in eo, qui se patrem familias finxit, cum esset filius familias, ut sibi promptius pecunia crederetur.

D. 35. 1. 17. 2   Gaius 2 de legatis ad ed.

Quod autem iuris est in falsa demonstratione, hoc vel magis est in falsa causa, veluti ita 'Titio fundum do, quia negotia mea curavit', item

并且规定：如果蒂丘斯不成为继承人，由森普罗纽斯作他的替补继承人。后来，由于蒂丘斯是奴隶，他根据主人的命令接受了遗产，可以说，森普罗纽斯被允许取得部分遗产，因为如果某人知道他人是奴隶而指定他为继承人，并这样指定了替补继承人："如果斯提库斯不成为继承人，令森普罗纽斯为继承人"；人们把这样的表达理解为在说："如果斯提库斯本人不成为继承人，也不能使他人成为继承人。"但如果某人指定他认为是自由人的人为继承人，"如果他不成为继承人"这样的话，只不过被理解为指他如果未为自己取得遗产或在身份改变的情况下，并不使他人成为继承人，这一补充说明适用于被指定为继承人时是家父、后来又沦为奴隶的人。因此，在这种情况下，遗产要一分两半，在被指定的继承人的主人与替补继承人之间均分。

D. 35, 1, 17, 1　盖尤斯：《裁判官告示评注·论遗赠》第 2 卷

因此，如果这样遗赠奴隶："我遗赠厨子斯提库斯""我遗赠鞋匠斯提库斯给蒂丘斯"，就算该奴隶既非厨子亦非鞋匠，如果遗嘱人指的是谁双方都知道，他就归受遗赠人。事实上，即使对被指定为受遗赠人的身份发生了某种错误，但他打算遗赠给谁是清楚的，遗赠完全有效，如同未发生任何错误。

D. 47, 2, 52, 15　乌尔比安：《告示评注》第 37 卷

为取得现金借贷而断言自己是自由人的奴隶，并未实施盗窃，因为在这种情况下，他不过断言自己是适格的债务人。对实际上是家子、为了更爽快地得到现金借贷却假装家父的人，规则是同样的。

D. 35, 1, 17, 2　盖尤斯：《裁判官告示评注·论遗赠》第 2 卷

关于虚假表示的法，在这种情况下，甚至更有理由适用于虚假的原因，例如这样："我给蒂丘斯土地，因为他照管了我的事

3. De forma recta voluntatis et demonstratione

'fundum Titius filius meus praecipito, quia frater eius ipse ex arca tot aureos sumpsit' : licet enim frater huius pecuniam ex arca non sumpsit, utile legatum est.

D. 5. 2. 28   Paulus l. S. de septemvir. iud.

Cum mater militem filium falso audisset decessisse et testamento heredes alios instituisset, divus Hadrianus decrevit hereditatem ad filium pertinere ita, ut libertates et legata praestentur. hic illud adnotatum quod de libertatibus et legatis adicitur: nam cum inofficiosum testamentum arguitur, nihil ex eo testamento valet.

务",同样地,"我给我的儿子蒂丘斯对土地的先取遗赠,因为他的兄弟从箱子里取用了很多的金子"。就算这个人的兄弟并未取用箱子里的金钱,遗赠也有效。

D. 5, 2, 28　保罗:《论百人法院》单卷本

如果一个母亲听到当兵的儿子死亡的虚假消息,在遗嘱中指定了他人为继承人,神君阿德里亚努斯裁定遗产归儿子,这样,自由权赠与和遗赠的遗嘱处分都能得到遵守。对于这一敕令中关于自由权赠与和遗赠的补充说明,必须加上这样的注释:在遗嘱被证明是违反义务情况下,以该遗嘱所做的任何处分都无效。[①]

---

①　在这个小案例中,母亲听到儿子死亡的消息,因此改变遗嘱,指定了其他人为继承人。在同一份遗嘱中,还规定了解放奴隶的问题。罗马人遗嘱由前部和后部两个部分构成:前部是关于指定继承人的;后部是关于财产处分,尤其是无偿性的财产处分的。在这个案例中,由于儿子死亡的消息不实,可能导致遗嘱全部无效,由此波及解放奴隶的遗嘱处分的效力。阿德里亚努斯皇帝出于罗马法上的"有利于自由权原则",使这一遗嘱的前部无效,但保持关于解放奴隶的遗嘱后部的效力。但他在这样做时,忽略了如果儿子生存,母亲的遗嘱未指定他为继承人,母亲的遗嘱因此属于完全无效的"违反义务的遗嘱"。这一错误被保罗抓住了。

4. De causa

D. 12. 5. 1pr.   Paulus 10 ad sab.

Omne quod datur aut ob rem datur aut ob causam, et ob rem aut turpem aut honestam: turpem autem, aut ut dantis sit turpitudo, non accipientis, aut ut accipientis dumtaxat, non etiam dantis, aut utriusque.

D. 12. 5. 1. 1   Paulus 10 ad sab.

Ob rem igitur honestam datum ita repeti potest, si res, propter quam datum est, secuta non est.

D. 12. 6. 52   Pomponius 27 ad q. muc.

Damus aut ob causam aut ob rem: ob causam praeteritam, veluti cum ideo do, quod aliquid a te consecutus sum vel quia aliquid a te factum est, ut, etiamsi falsa causa sit, repetitio eius pecuniae non sit: ob rem vero datur, ut aliquid sequatur, quo non sequente repetitio competit.

D. 12. 6. 65. 4   Paulus 17 ad plaut.

Quod ob rem datur, ex bono et aequo habet repetitionem: veluti si dem tibi, ut aliquid facias, nec feceris.

C. 4. 30. 1   Imperatores Severus, Antoninus

Si pecuniam tibi non esse numeratam atque ideo frustra cautionem emissam adseris et pignus datum probaturus es, in rem experiri potes:

4. 原　　因

D. 12, 5, 1pr.　保罗：《萨宾评注》第 10 卷

任何物的给付，要么是为了一个目的，要么是由于原因，而目的要么是不道德的，要么是诚实的。而不道德的目的，或者在于给付人而不在于收受人；或者在于收受人而不在于给付人；或者在于两者。

D. 12, 5, 1, 1　保罗：《萨宾评注》第 10 卷

因此，为诚实的目的所做的给付，如果做出给付的目的未实现，可以索回。

D. 12, 6, 52　彭波尼：《昆图斯·穆丘斯评注》第 27 卷

我们或是为一个原因，或是为一个目的而给付。由于过去的原因的例子有，我之所以给付，是因为我已从你得到了某物，或因为你已为我做了某事，在这种情况下，即使原因是虚假的，不发生给付人已给付之金钱的索回。但为一个目的做出的给付，是为了接着发生某事，在该事未接着发生的情况下，可以要求索回已做出的给付。

D. 12, 6, 65, 4　保罗：《普劳提评注》第 17 卷

为达成一个目的所做的给付，依善良与公平发生索回。例如，我对你为给付，是为了让你做某事，而你未做此事的情况。

C. 4, 30, 1　塞维鲁斯和安东尼努斯皇帝致依拉流斯

如果你主张你的相对人未付清你他允诺借给你的金钱，并证明你白白地订立了借款的要式口约且已给付质物，你可以提起对

4. De causa

nam intentio dati pignoris neque numeratae pecuniae non aliter tenebit, quam si de fide debiti constiterit. eademque ratione veritas servetur, si te possidente pignus adversarius tuus agere coeperit.

* sev. et ant. aa. Hilaro. * <a 197 pp. k. sept. Laterano et Rufino conss. >

D. 44. 4. 2. 3   Ulpianus 76 ad ed.

Circa primam speciem, quibus ex causis exceptio haec locum habeat, haec sunt, quae tractari possunt. si quis sine causa ab aliquo fuerit stipulatus, deinde ex ea stipulatione experiatur, exceptio utique doli mali ei nocebit: licet enim eo tempore, quo stipulabatur, nihil dolo malo admiserit, tamen dicendum est eum, cum litem contestatur, dolo facere, qui perseveret ex ea stipulatione petere: et si cum interponeretur, iustam causam habuit, tamen nunc nullam idoneam causam habere videtur. proinde et si crediturus pecuniam stipulatus est nec credidit et si certa fuit causa stipulationis, quae tamen aut non est secuta aut finita est, dicendum erit nocere exceptionem.

D. 46. 1. 15pr.   Iulianus 51 dig.

Si stipulatus esses a me sine causa et fideiussorem dedissem et nollem eum exceptione uti, sed potius solvere, ut mecum mandati iudicio ageret, fideiussori etiam invito me exceptio dari debet: interest enim eius pecuniam retinere potius quam solutam stipulatori a reo repetere.

D. 12. 7. 1. 1   Ulpianus 43 ad sab.

Sed et si ob causam promisit, causa tamen secuta non est, dicendum est condictionem locum habere.

物诉讼追索质物，因为在债的真实性未得到确证的情况下，已给付质物却未得到借款并非充分的证据。如果你占有着质物，你的相对人开始起诉，要以同样的方式查证债的真实性。

（发布于 197 年 9 月 1 日，其时也，拉特兰努斯和路菲努斯担任执政官）

D. 44, 4, 2, 3[①]　乌尔比安：《告示评注》第 76 卷

关于第一种情况，也即依据何种原因适用这种抗辩的情况，是这样的。如果某人无原因地成了与他人的要式口约的债权人，然后根据该要式口约起诉该人，他必然要受到恶意诈欺之抗辩的阻碍，因为就算他在成为要式口约的债权人时未实施任何恶意诈欺，但必须说，坚持根据该要式口约为请求的人，在证讼时实施了诈欺；即使他在中间期间有了正当的原因，但现在他被认为没有任何适当的原因。所以，即使某人以要式口约允诺将贷出金钱而没有贷出，如果要式口约有确定的原因，但它没有接着发生或已消失，必须说在这种情况中适用这一抗辩。

D. 46, 1, 15pr.　尤里安：《学说汇纂》第 51 卷

如果你与我无原因地订立了要式口约，而我提出了保证人，我不愿他使用抗辩，而宁愿他做出清偿，然后他对我提起委任之诉，应该不顾我的愿望授予保证人以抗辩，因为保有他的金钱比向主债务人索回他向债权人所做的偿付更符合其利益。

D. 12, 7, 1, 1　乌尔比安：《萨宾评注》第 43 卷

但如果为原因而允诺，而原因未接着发生，必须说发生要求给付之诉。

---

① 此段在本书关于一般的诈欺之抗辩的第 3.8 节已经出现一次。读者为了获得理解这一法言的上下文，可参看该节的 D. 44, 4, 2, 2。

4. De causa

D. 12. 7. 1. 2   Ulpianus 43 ad sab.

Sive ab initio sine causa promissum est, sive fuit causa promittendi quae finita est vel secuta non est, dicendum est condictioni locum fore.

D. 13. 5. 11pr.   Ulpianus 27 ad ed.

Hactenus igitur constitutum valebit, si quod constituitur debitum sit, etiamsi nullus apparet, qui interim debeat: ut puta si ante aditam hereditatem debitoris vel capto eo ab hostibus constituat quis se soluturum: nam et Pomponius scribit valere constitutum, quoniam debita pecunia constituta est.

D. 12. 6. 23pr.   Ulpianus 43 ad sab.

Eleganter Pomponius quaerit, si quis suspicetur transactionem factam vel ab eo cui heres est vel ab eo cui procurator est et quasi ex transactione dederit, quae facta non est, an locus sit repetitioni. et ait repeti posse: ex falsa enim causa datum est. idem puto dicendum et si transactio secuta non fuerit, propter quam datum est: sed et si resoluta sit transactio, idem erit dicendum.

D. 12. 6. 54   Papinianus 2 quaest.

Ex his omnibus causis, quae iure non valuerunt vel non habuerunt effectum, secuta per errorem solutione condictioni locus erit.

D. 12. 5. 1. 2   Paulus 10 ad sab.

Quod si turpis causa accipientis fuerit, etiamsi res secuta sit, repeti potest:

D. 12. 5. 2pr.   Ulpianus 26 ad ed.

Ut puta dedi tibi ne sacrilegium facias, ne furtum, ne hominem

D. 12, 7, 1, 2　　乌尔比安:《萨宾评注》第43卷

不论是自始无原因地允诺，还是为原因而允诺，而原因已消灭或未接着发生，必须说，这两种情况都引起要求给付之诉。

D. 13, 5, 11pr.　　乌尔比安:《告示评注》第27卷

因此，只要有关的债务已到期，延期偿债协议 [①] 有效，即使当时债务人不在场。例如，在债务人的遗产被接受前，或在债务人被敌人俘获的情况下，某人对债权人担保自己将履行的情况。彭波尼也写道:延期偿债协议有效，因为它是就已经到期的金钱债务订立的。

D. 12, 6, 23pr.　　乌尔比安:《萨宾评注》第43卷

彭波尼合乎逻辑地问:如果某人推测他的被继承人或被代理人达成了一项和解，他根据这一想当然的、实际并未达成的和解做了给付，是否发生索回? 他说可以索回，因为给付是根据虚假的原因做出的。我认为，如果因之做出给付的和解未被遵守，要说同样的话。而且如果和解被撤销了，也必须说同样的话。

D. 12, 6, 54　　帕比尼安:《问题集》第2卷

根据所有在法律上无效或不具有效力的原因做出了错误的偿付的，都发生要求给付之诉。

D. 12, 5, 1, 2　　保罗:《萨宾评注》第10卷

然而，如果为不道德的原因收受某物，即使后来所欲的结果已经达到，可以索回该物。

D. 12, 5, 2pr.　　乌尔比安:《告示评注》第26卷

例如，我对你为给付，要你不去亵渎神明、不去偷窃、不去

---

① 延期偿债协议分为对自己的债务的延期偿付协议和对他人债务的延期偿付协议。前者为由债务人本人亲自担保，允诺在确定的期限内偿付自己的既存债务，目的主要在于延期清偿;后者为由他人提出担保，允诺在确定的地点偿付第三人负欠的金钱。这一法言中涉及的情况显然属于后者。

occidas. in qua specie Iulianus scribit, si tibi dedero, ne hominem occidas, condici posse:

D. 3. 6. 5. 1   Ulpianus 10 ad ed.

Sed etiam praeter hanc actionem condictio competit, si sola turpitudo accipientis versetur: nam si et dantis, melior causa erit possidentis. quare si fuerit condictum, utrum tollitur haec actio, an vero in triplum danda sit? an exemplo furis et in quadruplum actionem damus et condictionem? sed puto sufficere alterutram actionem. ubi autem condictio competit, ibi non est necesse post annum dare in factum actionem.

D. 12. 5. 8   Paulus 3 quaest.

Si ob turpem causam promiseris Titio, quamvis si petat, exceptione doli mali vel in factum summovere eum possis, tamen si solveris, non posse te repetere, quoniam sublata proxima causa stipulationis, quae propter exceptionem inanis esset, pristina causa, id est turpitudo, superesset: porro autem si et dantis et accipientis turpis causa sit, possessorem potiorem esse et ideo repetitionem cessare, tametsi ex stipulatione solutum est.

C. 4. 7. 2   Imperator Antoninus

Cum te propter turpem causam contra disciplinam temporum meorum domum adversariae dedisse profitearis, frustra eam restitui tibi desideras, cum in pari causa possessoris melior condicio habeatur.

* ant. a. Longino. * <a 215 pp. xv k. dec. Laeto ii et Cereale conss. >

杀人，尤里安就这类情况写道：如果我对你为给付，要你不去杀人，我可以提起请求给付之诉。

D. 3, 6, 5, 1　乌尔比安：《告示评注》第 10 卷

但如果只有收受人有不道德行为，除了这种诉权，[①] 也发生请求给付之诉。如果给付人也有不道德行为，占有给付物者的地位优于其相对人。因此，如果已提起请求给付之诉，是必须剥夺这种诉权，授予三倍罚金之诉，还是要根据盗窃案的先例，我们既授予四倍罚金之诉，又授予请求给付之诉？我认为两种诉权中的一种就够了。况且，在成立请求给付之诉的场合，在一年后，不必授予基于事实之诉。

D. 12, 5, 8　保罗：《问题集》第 3 卷

如果你由于不道德的原因对蒂丘斯做出了允诺，尽管如果他提起诉讼，你可以恶意诈欺的抗辩或基于事实的抗辩挫败他。但如果你做出了清偿，你不能索回，因为要式口约的最近的原因已经失效，它因行使抗辩权而变得无用。过去的原因，即不道德行为——保留下来。进而言之，如果给付人和收受人都有不道德的原因，占有人处在更好的地位，因此，尽管已根据要式口约做出了偿付，不得索回。

C. 4, 7, 2　安东尼努斯皇帝致伦基努斯

如果你承认，你已经为了不道德的原因、违背我的时代的原则把房子送给了女相对人，你又陡然地要求把它还给你，在原因相当的情况下，占有人的地位优于其相对人。

（发布于 215 年 11 月 17 日，其时也，德丘斯·雷杜斯第 2 次担任执政官，切雷阿利斯初次担任执政官）

---

① 这一法言所属的 D. 3, 6 是关于滥诉者的，他们将根据基于事实之诉承受判决。本段中的"这种诉权"，即"基于事实之诉"。

5. De irrito negotiorum

D. 1. 3. 29   Paulus l. S. ad l. cinc.

Contra legem facit, qui id facit quod lex prohibet, in fraudem vero, qui salvis verbis legis sententiam eius circumvenit.

D. 22. 1. 5   Papinianus 28 quaest.

Generaliter observari convenit bonae fidei iudicium non recipere praestationem, quae contra bonos mores desideretur.

D. 45. 1. 26   Ulpianus 42 ad sab.

Generaliter novimus turpes stipulationes nullius esse momenti.

D. 45. 1. 27pr.   Pomponius 22 ad sab.

Veluti si quis homicidium vel sacrilegium se facturum promittat. sed et officio quoque praetoris continetur ex huiusmodi obligationibus actionem denegari.

D. 45. 1. 134pr.   Paulus 15 resp.

Titia, quae ex alio filium habebat, in matrimonium coit Gaio Seio habente familiam: et tempore matrimonii consenserunt, ut filia Gaii Seii filio Titiae desponderetur, et interpositum est instrumentum et adiecta poena, si quis eorum nuptiis impedimento fuisset: postea Gaius Seius constante matrimonio diem suum obiit et filia eius noluit nubere: quaero, an Gaii Seii heredes teneantur ex stipulatione. respondit ex stipulatione, quae proponeretur, cum non secundum bonos mores interposita sit, agenti exceptionem doli mali obstaturam, quia inhonestum visum est

5. 无效的法律行为

D. 1, 3, 29　保罗：《琴求斯法评注》单卷本

违反法律者实施了法律禁止的行为，诈欺法律者遵守了法律的文句却篡改其意思。

D. 22, 1, 5　帕比尼安：《问题集》第 28 卷

一般认为应遵守如下规则：诚信诉讼不承认违背善良风俗请求作出的给付。

D. 45, 1, 26　乌尔比安：《萨宾评注》第 42 卷

我们一般地承认：不道德的要式口约立即无效。

D. 45, 1, 27pr.　彭波尼：《萨宾评注》第 22 卷

例如，如果某人允诺自己将去杀人或亵渎神明，确实，裁判官的职责之一是拒绝赋予这种债诉权。

D. 45, 1, 134pr.　保罗：《解答集》第 15 卷

蒂齐娅已与他人生有一个儿子，她与已有一个女儿的盖尤斯·塞尤斯结为夫妇。在婚姻持续期间，他们合意把盖尤斯·塞尤斯的女儿配给蒂齐娅的儿子，订立了嫁资契据，并就他们中的任一方妨碍这一婚姻的情况另外规定了罚金。后来盖尤斯·塞尤斯在与蒂齐娅保持婚姻关系的期间亡故，其女儿拒绝结婚。我问：盖尤斯·塞尤斯的继承人是否根据要式口约承担责任？解答：前述要式口约的订立有违善良风俗，据以起诉者将受到恶意诈欺的抗辩的对抗，因为用罚金的绳索束缚不论是将来的还是已

vinculo poenae matrimonia obstringi sive futura sive iam contracta.

D. 28. 7. 15   Papinianus 16 quaest.

Filius, qui fuit in potestate, sub condicione scriptus heres, quam senatus aut princeps improbant, testamentum infirmet patris, ac si condicio non esset in eius potestate: nam quae facta laedunt pietatem existimationem verecundiam nostram et, ut generaliter dixerim, contra bonos mores fiunt, nec facere nos posse credendum est.

D. 50. 17. 185   Celsus 8 dig.

Inpossibilium nulla obligatio est.

D. 44. 7. 1. 9   Gaius 2 aur.

Si id, quod dari stipulemur, tale sit, ut dari non possit, palam est naturali ratione inutilem esse stipulationem, veluti si de homine libero vel iam mortuo vel aedibus deustis facta sit stipulatio inter eos, qui ignoraverint eum hominem liberum esse vel mortuum esse vel aedes deustas esse. idem iuris est, si quis locum sacrum aut religiosum dari sibi stipulatus fuerit.

D. 18. 4. 1   Pomponius 9 ad sab.

Si hereditas venierit eius, qui vivit aut nullus sit, nihil esse acti, quia in rerum natura non sit quod venierit.

D. 30. 39. 8   Ulpianus 21 ad sab.

Si vero Sallustianos hortos, qui sunt augusti, vel fundum Albanum, qui principalibus usibus deseruit, legaverit quis, furiosi est talia legata testamento adscribere,

经缔结的婚姻，都被视为不名誉的。

D. 28, 7, 15　帕比尼安：《问题集》第 16 卷

在权力下的儿子，被附条件指定为继承人，此等条件要元老院或元首批准，父亲的遗嘱无效，如同条件已成就，他不是处在父亲的权力下，因为所为的损害我们的慈爱、荣誉、羞耻心的行为，就像我概括而论的，违反善良风俗的行为，应相信为我们不能实施。

D. 50, 17, 185　杰尔苏：《学说汇纂》第 8 卷

其标的为不能的债，无效。

D. 44, 7, 1, 9　盖尤斯：《金言集》第 2 卷

如果我们订立要式口约给付的物是不能给付的，显然，要式口约基于自然理性无效。例如，在双方都不知道作为要式口约标的的人是自由人或已死了，或者作为要式口约标的的房屋已被焚毁的情况下，就自由人或已死去的人，或就已被焚毁的房屋订立了要式口约的情况。如果某人就对他给付圣地或安魂地订立了要式口约，适用同样的法。

D. 18, 4, 1　彭波尼：《萨宾评注》第 9 卷

如果出售的是尚生存的人或不存在的人的遗产，则行为无效，因为出售之物不合事理之性质。

D. 30, 39, 8　乌尔比安：《萨宾评注》第 21 卷

但如果某人遗赠了奥古斯都拥有的萨鲁斯齐亚努斯花园，或元首所用的阿尔巴鲁姆土地，在遗嘱中写上这样的遗赠的人是疯子。

5. De irrito negotiorum

D. 30. 39. 9   Ulpianus 21 ad sab.

Item campum martium aut forum romanum vel aedem sacram legari non posse constat.

D. 44. 7. 54   Modestinus 5 reg.

Contractus imaginarii etiam in emptionibus iuris vinculum non optinent, cum fides facti simulatur non intercedente veritate.

D. 23. 2. 30   Gaius 2 ad l. iul. et pap.

Simulatae nuptiae nullius momenti sunt.

D. 50. 17. 29   Paulus 8 ad sab.

Quod initio vitiosum est, non potest tractu temporis convalescere.

D. 30. 54pr.   Pomponius 8 ad sab.

Turpia legata, quae denotandi magis legatarii gratia scribuntur, odio scribentis pro non scriptis habentur.

D. 28. 3. 1   Papinianus 1 def.

Testamentum aut non iure factum dicitur, ubi sollemnia iuris defuerunt: aut nullius esse momenti, cum filius qui fuit in patris potestate praeteritus est: aut rumpitur alio testamento, ex quo heres existere poterit, vel adgnatione sui heredis: aut in irritum constituitur non adita hereditate.

D. 30, 39, 9　乌尔比安：《萨宾评注》第 21 卷

同样显然的是，不能遗赠战神广场、[1] 罗马集议场[2] 或圣所。[3]

D. 44, 7, 54　莫德斯丁：《规则集》第 5 卷

虚构的合同，即使为买卖性质，也不导致法锁，因为事实的样子是伪造出来的，与真相不符。

D. 23, 2, 30　盖尤斯：《优流斯及帕皮尤斯法评注》第 2 卷

假装的婚姻，无任何效力。

D. 50, 17, 29　保罗：《萨宾评注》第 8 卷

自始有瑕疵者，不因时间经过而有效。

D. 30, 54pr.　彭波尼：《萨宾评注》第 8 卷

书写者怀抱仇恨为玷辱受遗赠人而写的不道德的遗赠，视为未写。

D. 28, 3, 1　帕比尼安：《定义集》第 1 卷

未遵循法定的形式的遗嘱谓之不合法；遗漏了处于父权下的儿子的遗嘱谓之无效；遗嘱因出现了可成为继承人的人即出生了"自家继承人"谓之被打破；遗嘱因无人接受遗产谓之白订了。

---

① 战神广场（Campus Martius），亦称马尔斯广场，是古罗马著名的集会场所，罗马人在此进行军事训练，出征前在此誓师。罗马人好战，故对战神极为尊重。在拉丁民族建立的城市中，例如西班牙人在拉丁美洲建立的城市中，一般都有马尔斯广场。

② 罗马集议场（Forum Romanus）是古罗马元老院所在的卡皮托尔山下的公共场所，它具有两种功能：一是人们进行交易的地方，即市场；二是人们进行政治活动的地方，设有讲坛供发表演讲之用，Forum 现在仍保留"讲坛""论坛"的意思。将此词翻译成"集议场"，可同时包括上述两种意思。

③ 即庙宇。

5. De irrito negotiorum

D. 50. 17. 181   Paulus 1 ad vitell.

Si nemo subiit hereditatem, omnis vis testamenti solvitur.

D. 34. 8. 3. 2   Marcianus 11 inst.

Item si servo alieno quid legatum fuerit et postea a testatore redemptus sit, legatum exstinguitur: nam quae in eam causam pervenerunt, a qua incipere non poterant, pro non scriptis habentur.

D. 34. 2. 3   Celsus 19 dig.

Uxori legavit quae eius causa parata sunt et ante mortem divortit. non deberi, quia adempta videantur, Proculus ait. nimirum facti quaestio est: nam potest nec repudiatae adimere voluisse.

D. 50, 17, 181 保罗:《韦德里评注》第 1 卷

如无人接受遗产，遗嘱的全部效力解除。

D. 34, 8, 3, 2 马尔西安:《法学阶梯》第 11 卷

同样，如果遗赠他人的奴隶某物，后来遗嘱人为此等奴隶赎身，遗赠消灭，因为影响遗嘱规定的情势发生改变，如果它早些发生，遗嘱人便不可能做出相应的规定，这样的规定视为未写。

D. 34, 2. 3 杰尔苏:《学说汇纂》第 19 卷

某人遗赠给妻子已为她购买的首饰，他在死前离了婚，不发生给付义务，因为遗赠被视为已取消。普罗库鲁斯说：无疑地这是一个事实问题，因为这个人可以与该女离婚，但不愿取消对她的遗赠。

6. De appositione clausulae diei, conditionis et modi

6. 1   De actibus puris
(D. 50. 17)

D. 50. 17. 77   Papinianus 28 quaest.

Actus legitimi, qui non recipiunt diem vel condicionem, veluti emancipatio, acceptilatio, hereditatis aditio, servi optio, datio tutoris, in totum vitiantur per temporis vel condicionis adiectionem. nonnumquam tamen actus supra scripti tacite recipiunt, quae aperte comprehensa vitium adferunt. nam si acceptum feratur ei, qui sub condicione promisit, ita demum egisse aliquid acceptilatio intellegitur, si obligationis condicio exstiterit: quae si verbis nominatim acceptilationis comprehendatur, nullius momenti faciet actum.

6. 期限、条件、负担条款的设置

6.1 纯粹行为
（D. 50, 17）

D. 50, 17, 77 帕比尼安：《问题集》第 28 卷

纯粹行为 [①] 不允许设立期限或条件。比如，要式买卖、正式免除、承受遗产、挑选奴隶的权利、监护人的选任都将因附加了期限或条件而完全无效。但在有些情况下，上述行为可以默示地设立期限或条件，此等期限和条件如果明示设立就会使上述行为无效。比如，如果我做了一个附条件允诺的正式免除，此等正式免除只有在债的条件成就了以后才生效。如果在正式免除的文句中明示地附加了上述条件，正式免除无效。

[①] 纯粹行为的拉丁文为 Actus legitimi。艾伦·沃森（Alan Watson）认为 legitimi 一词出于添加。此说甚有道理，因为 Actus legitimi 这个词组在语法上有问题，Actus 是单数主格，修饰它的形容词应该与它性数格一致，应该是 legitimus 而非 legitimi。故有的作者不顾帕比尼安法言中 Actus legitimi 的原文，把它改成 Actus legitimus 谈论有关的问题。艾伦·沃森就是如此（参见：Alan Watson, *Studies in Roman Private Law*, Bloomsbury Publishing, 1990, p. 206.）。那么，添加是如何实施的？我认为，优士丁尼的法典编纂班子很可能就是以 legitimi 一词替换了帕比尼安原文中的 purus（纯粹的）一词。

6. 2　De die

(D. 7. 4 ; 8. 1 ; 12. 6 ; 16. 3 ; 19. 1 ; 28. 5 ;
33. 1 ; 35. 1 ; 36. 2 ; 44. 7 ; 45. 1 ; 50. 16)

D. 28. 5. 34　Papinianus 1 def.

Hereditas ex die vel ad diem non recte datur, sed vitio temporis sublato manet institutio.

D. 44. 7. 44. 1　Paulus 74 ad ed. praet.

Circa diem duplex inspectio est: nam vel ex die incipit obligatio aut confertur in diem. ex die veluti 'kalendis martiis dare spondes?' cuius natura haec est, ut ante diem non exigatur. ad diem autem 'usque ad kalendas dare spondes?' placet autem ad tempus obligationem constitui non posse non magis quam legatum: nam quod alicui deberi coepit, certis modis desinit deberi. plane post tempus stipulator vel pacti conventi vel doli mali exceptione summoveri poterit. sic et in tradendo si quis dixerit se solum sine superficie tradere, nihil proficit, quo minus et superficies transeat, quae natura solo cohaeret.

D. 45. 1. 46pr.　Paulus 12 ad sab.

'Centensimis kalendis dari' utiliter stipulamur, quia praesens obligatio est, in diem autem dilata solutio.

D. 50. 16. 213pr.　Ulpianus 1 reg.

'Cedere diem' significat incipere deberi pecuniam: 'venire diem' significat eum diem venisse, quo pecunia peti possit. ubi pure

6.2　期限

（D. 7, 4；8, 1；12, 6；16, 3；19, 1；28, 5；
33, 1；35, 1；36, 2；44, 7；45, 1；50, 16）

D. 28, 5, 34　帕比尼安:《定义集》第 1 卷

不得附始期或终期给付遗产，但消除了附期限的瑕疵后，指定有效。

D. 44, 7, 44, 1　保罗:《告示评注》第 74 卷

关于期限，应从两方面分析，因为债或是附始期，或是附终期。附始期的，有"你允诺 3 月 1 日给我某物吗？"的例子。根据这一允诺的性质，在这一期限到来之前，不得请求履行。附终期的例子是说:"你允诺对我给付直到下个月 1 号为止吗？"已决定，债不能附不定的期限设立，遗赠的设立也是如此，因为对某个人的负债既然有开始日，也应以某种方式规定停止日。显然，如果在期限届满后，可以已达成简约的抗辩或诈欺之抗辩对抗债权人。所以，在交付土地时，如果某人说只交付不包括地上物在内的土地，这样说无用，因为地表物与土地在本性上是联为一体的。

D. 45, 1, 46pr.　保罗:《萨宾评注》第 12 卷

我们订立的"在第 100 个初一给付"的要式口约有效，因为债现在就成立，而清偿被延缓到该日。

D. 50, 16, 213pr.　乌尔比安:《规则集》第 1 卷

债权成立日的含义是从此日起享有债权；到期日的含义是到了该日就可请求给付一笔金钱。如果纯粹地订立了要式口约，则

quis stipulatus fuerit, et cessit et venit dies: ubi in diem, cessit dies, sed nondum venit: ubi sub condicione, neque cessit neque venit dies pendente adhuc condicione.

D. 35. 1. 1. 1   Pomponius 3 ad q. muc.

Cum dies certus adscriptus est, quamvis dies nondum venerit, solvi tamen possunt, quia certum est ea debitu iri.

D. 35. 1. 1. 2   Pomponius 3 ad q. muc.

Dies autem incertus est, cum ita scribitur 'heres meus cum morietur, decem dato' : nam diem incertum mors habet eius. et ideo si legatarius ante decesserit, ad heredem eius legatum non transit, quia non cessit dies vivo eo 'ea', quamvis certum fuerit moriturum heredem.

D. 35. 1. 79pr.   Papinianus 1 def.

'Heres meus, cum morietur Titius, centum ei dato'. purum legatum est, quia non condicione, sed mora suspenditur: non potest enim condicio non exsistere.

D. 19. 1. 51. 1   Labeo 5 post. a iav. epit.

Quod si fundum emisti ea lege, uti des pecuniam kalendis iuliis, et si ipsis calendis per venditorem esset factum, quo minus pecunia ei solveretur, deinde per te staret quo minus solveres, uti posse adversus te lege sua venditorem dixi, quia in vendendo hoc ageretur, ut, quandoque per emptorem factum sit, quo minus pecuniam solvat, legis poenam patiatur. hoc ita verum puto, nisi si quid in ea re venditor dolo fecit.

履行期旋即开始并立即届满；如果附期限订立了要式口约，履行期旋即开始但并不立即届满；如果附条件订立了要式口约，在此等条件未成就的期间，履行期限既不开始，也不届满。

D. 35, 1, 1, 1 彭波尼：《昆图斯·穆丘斯评注》第 3 卷

在附确定期限遗赠的情况下，尽管期限尚未届满，但可以偿付遗赠物，因为将来要给付遗赠物是确定的。

D. 35, 1, 1, 2 彭波尼：《昆图斯·穆丘斯评注》第 3 卷

但如果这样规定："让我的继承人在他将来死亡时给 10 个币与某人"，期限是不确定的，因为继承人的死亡是个不确定期限。因此，如果受遗赠人先死，遗赠物并不移转给其继承人，因为在受遗赠人生存期间，期限并未届满，尽管上述继承人将来要死是确定的。

D. 35, 1, 79pr. 帕比尼安：《定义集》第 1 卷

"让我的继承人在蒂丘斯死亡时给他 100 个币"，这是纯粹的遗赠，因为并不是以条件，而是以延缓期限 ① 悬置了行为的效力，因为这一条件不可能不成就。

D. 19, 1, 51, 1 拉贝奥：《遗作·由雅沃伦所作的遗作》第 5 卷

如果你购买土地，约款规定在七月初一偿付价金，如果在七月初一由于出卖人的行为未对他偿付价金，然后又由于你的迟延未做偿付，我说出卖人可利用上述约款对抗你，因为在出售中，人们如此安排：由于买受人的行为不付价金时，他要承受约款规定的罚金。我认为这种说法是正确的，如果出卖人在本案中有某种诈欺行为，则另当别论。

---

① 这里的 Mora 指延缓期限。该词在违约的场合，还有"迟延"的含义，例如给付迟延、受领迟延等。

6. De appositione clausulae diei, conditionis et modi

D. 16. 3. 1. 45   Ulpianus 30 ad ed.

Si deposuero apud te, ut post mortem tuam reddas, et tecum et cum herede tuo possum depositi agere: possum enim mutare voluntatem et ante mortem tuam depositum repetere.

D. 16. 3. 1. 46   Ulpianus 30 ad ed.

Proinde et si sic deposuero, ut post mortem meam reddatur, potero et ego et heres meus agere depositi, ego mutata voluntate.

D. 12. 6. 16. 1   Pomponius 15 ad sab.

Quod autem sub incerta die debetur, die existente non repetitur.

D. 8. 1. 4pr.   Papinianus 7 quaest.

Servitutes ipso quidem iure neque ex tempore neque ad tempus neque sub condicione neque ad certam condicionem (verbi gratia 'quamdiu volam') constitui possunt: sed tamen si haec adiciantur, pacti vel per doli exceptionem occurretur contra placita servitutem vindicanti: idque et Sabinum respondisse Cassius rettulit et sibi placere.

D. 45. 1. 56. 4   Iulianus 52 dig.

Qui ita stipulatur: 'decem, quoad vivam, dari spondes?', confestim decem recte dari petit: sed heres eius exceptione pacti conventi summovendus est: nam stipulatorem id egisse, ne heres eius peteret, palam est, quemadmodum is, qui usque in kalendas dari stipulatur, potest quidem etiam post kalendas petere, sed exceptione pacti summovetur. nam et heres eius, cui servitus praedii ita concessa est, ut, quoad viveret, ius eundi haberet, pacti conventi exceptione submovebitur.

D. 16, 3, 1, 45 乌尔比安:《告示评注》第 30 卷

如果我把某物寄托在你处，约定在你死后归还，我可以对你或对你的继承人提起寄托之诉。事实上，我可改变决定，在你死前索回寄托物。

D. 16, 3, 1, 46 乌尔比安:《告示评注》第 30 卷

因此，即使我做了在我死后返还寄托物的寄托，只要我改变了意思，我可提起寄托之诉，如果我未改变意思，我的继承人可提起此诉。

D. 12, 6, 16, 1 彭波尼:《萨宾评注》第 15 卷

但附不确定期限的债，在期限届至的情况下，不可索回已为的清偿。

D. 8, 1, 4pr. 帕比尼安:《问题集》第 7 卷

按照严格法，役权不能附带"从某个时候起""直到某个时候""在某种条件下"或"根据某一特定的条件（如只要我愿意）"这样的条款设立。不过，如果附加了这些条款，要求行使役权的人可提起达成了简约的抗辩或诈欺抗辩反对这些条款。卡修斯说这也是萨宾的观点，他跟随之。

D. 45, 1, 56, 4 尤里安:《学说汇纂》第 52 卷

某人这样提出要式口约:"你允诺在我活着时给 10 个币否？"他马上可正当地要求给付这 10 个币，但其继承人若诉求这 10 个币，他必定要被已达成简约的抗辩挫败，因为显然，要式口约的提出人以上述方式排除了其继承人提出要求的可能。同样，提出了在初一之前得到给付的要式口约的人，确实也可在初一后提出要求，但他要被简约的抗辩挫败。确实，附只要活着就享有通行权的条件被授予不动产役权的人的继承人，如果要求行使通行权，也要被已达成简约的抗辩挫败。

6. De appositione clausulae diei, conditionis et modi

D. 7. 4. 1. 2   Ulpianus 17 ad sab.

Si tibi fundus ex die legatus est et usum fructum mihi rogatus es restituere, videndum erit, si capite minutus fuero intra diem legato tuo insertum, ne forte salvus sit mihi usus fructus, quasi ante diem cedentem capitis minutio interveniat: quod benigne dici poterit.

D. 44. 7. 22   Africanus 3 quaest.

Cum quis in diem mercem stipulatus fideiussorem accepit, eius temporis aestimatio spectanda est, quo satis acceperit.

D. 33. 1. 15   Valens 7 fideic.

Iavolenus eum, qui rogatus post decem annos restituere pecuniam ante diem restituerat, respondit, si propter capientis personam, quod rem familiarem tueri non posset, in diem fideicommissum relictum probetur et perdituro ei id heres ante diem restituisset, nullo modo liberatum esse: quod si tempus heredis causa prorogatum esset, ut commodum medii temporis ipse sentiret, liberatum eum intellegi: nam et plus eum praestitisse quam debuisset.

6. 期限、条件、负担条款的设置

D. 7, 4, 1, 2　乌尔比安:《萨宾评注》第 17 卷

如果附期限遗赠你土地,又要求你把此等土地的用益权返还给我。必须考虑,如果在为你利益设立的遗赠的期限届满前我发生人格减等怎么办? 我的用益权能得到保全,它被视为是在遭受人格变更之日前设立的。可以说这是一个仁慈的解释。[①]

D. 44, 7, 22　阿富里坎:《问题集》第 3 卷

某人订立要式口约约定在某日受领酬金并接受了保证人,其受领给付之期限从他接受了保证人之日起算。[②]

D. 33, 1, 15　瓦伦斯:《遗产信托》第 7 卷

雅沃伦解答道:有义务在 10 年后返还一笔金钱的人,如果在该期限届满前做了返还,他绝不被免除责任——如果证明,遗嘱人附期限留下遗产信托是考虑到接受人的不能照料家产的性格,如果继承人在期限届满前把遗产返还给他,他将白白地浪费遗产的话。但如果延缓期限之设是为了继承人的利益,让他在此等期间从信托财产的管理中受益,他被认为免除了责任。确实,他做了超出履行。

[①] 根据 D. 7, 4, 1pr., 人格减等导致用益权和与用益权有关的诉权的消灭,这是一般的原则。但法学家为了减缓这一原则的严酷性,设计了一些例外,这一法言就是一个例外,它把期待的用益权排除在因人格减等消灭的用益权的范围之外,尽管它在人格减等之前就已经设立了。在紧接着的 D. 7, 4, 3 中,法学家进一步阐述了这一例外的具体内容,即:人格减等只消灭已经确定的用益权,如果用益权是附从某年到某年、从某月到某月、从某日到某日的期限授予的,人格减等只消灭用益权中已开始实际行使的部分。在这一法言所涉及的案子中,"我"尚未行使任何实际的用益权,因此,他期待的用益权并不因人格减等而消灭。

[②] 这是一个关于债的更改导致履行期限的更改的法言。原债被当事人约定在某日偿付,后来债权人接受了保证人。保证人的介入使债的要素发生了变化,因此产生新债。新债的履行期限从债权人接受保证人之日开始计算。

6. De appositione clausulae diei, conditionis et modi

D. 36. 2. 4   Ulpianus 19 ad sab.

Si 'cum heres morietur' legetur, condicionale legatum est: denique vivo herede defunctus legatarius ad heredem non transfert. si vero 'cum ipse legatarius morietur' legetur ei, certum est legatum ad heredem transmitti.

6. 3   De conditione

(D. 7. 4 ; 11. 7 ; 12. 1/6 ; 20. 1 ; 23. 3 ; 28. 3 ;
30. 43/104 ; 35. 1/2 ; 36. 2 ; 39. 5 ; 40. 1 ; 42. 4 ;
44. 7 ; 45. 1 ; 46. 1/2 ; C. 6. 41/51)

C. 6. 51. 1. 7   Imperator Justinianus

Sin autem aliquid sub condicione relinquatur vel casuali vel potestativa vel mixta, quarum eventus ex fortuna vel ex honoratae personae voluntate vel ex utroque pendeat, vel sub incerta die, expectare oportet condicionis eventum, sub qua fuerit derelictum, vel diem, ut tunc cedat, cum vel condicio impleatur vel dies incertus extiterit. quod si in medio is, qui ex testamento lucrum sortitus est, decedat vel eo superstite condicio defecerit, hoc, quod ideo non praevaluit, manere disponimus simili modo apud eos, a quibus relictum est, nisi et hic vel substitutus relictum accipiat vel coniunctus sive heres sive legatarius hoc sibi adquirat, cum certi iuris sit et in institutionibus et legatis et fideicommissis et mortis causa donationibus posse substitui.

D. 36, 2, 4　乌尔比安:《萨宾评注》第19卷

如果"在继承人将来死亡之时"遗赠，它是附条件的遗赠，因此，在继承人生存而受遗赠人死亡的情况下，遗赠物并不会移交给受遗赠人的继承人。但如果"在受遗赠人本人将来死亡之时"遗赠，遗赠物肯定移交给受遗赠人的继承人。

6.3　条件

（D. 7, 4；11, 7；12, 1/6；20, 1；23, 3；28, 3；
30, 43/104；35, 1/2；36, 2；39, 5；40, 1；42, 4；
44, 7；45, 1；46, 1/2；C. 6, 41/51）

C. 6, 51, 1, 7　优士丁尼皇帝致君士坦丁堡的元老院

而且，如果附条件遗留某一财产，条件是偶成的、随意的或混合的，其成就取决于运气或受益人的意思，或同时取决于两者；或附不确定的期限遗留某一财产，必须等待财产处分附加的条件成就或期限到来，从条件成就，不确定期限届满起可以请求遗产。但如果根据遗嘱将获得利益的人在中间期间去世，或在其生存期间条件不成就，由于这一原因，对财产所做的处分并不生效，朕决定以同样的方式把这种处分权仍留在做出遗留的人手中，如果在这种情况中，替补人①也可取得遗留物，则另当别论；或者，共同继承人或共同受遗赠人可以为自己取得这项财产，因为在继承人的指定中，在遗赠中，在遗产信托和死因赠与中，可以设立替补者，是既定的法。

① 即替补继承人和受遗赠人的继承人。

6. De appositione clausulae diei, conditionis et modi

<a 534 d. K. Iun. Constantinopoli dn. Iustiniano pp. A. Iiii et Paulino vc. Conss. >

D. 44. 7. 44. 2   Paulus 74 ad ed. praet.

Condicio vero efficax est, quae in constituenda obligatione inseritur, non quae post perfectam eam ponitur, veluti 'centum dare spondes, nisi navis ex asia venerit?' sed hoc casu existente condicione locus erit exceptioni pacti conventi vel doli mali.

D. 45. 1. 17   Ulpianus 28 ad sab.

Stipulatio non valet in rei promittendi arbitrium collata condicione.

D. 23. 3. 68   Papinianus 10 quaest.

Dotis promissio non ideo minus valebit, quod ignorante initio patre nuptiae non fuerint, si postea consenserit, cum omnis dotis promissio futuri matrimonii tacitam condicionem accipiat. nam et si minor annis duodecim ut maior deducta sit, tunc primum petetur, cum maior annis apud eundem esse coeperit: quod enim volgatum est dotis promissionem in primis dumtaxat nuptiis destinare neque durare obligationem, si post alterius matrimonium ei nubat cui dotem promiserat, tunc locum habet, cum intercesserunt aliae nuptiae.

D. 12. 1. 37   Papinianus 1 def.

Cum ad praesens tempus condicio confertur, stipulatio non suspenditur et, si condicio vera sit, stipulatio tenet, quamvis tenere contrahentes condicionem ignorent, veluti 'si rex Parthorum vivit, centum mihi dari spondes?' eadem sunt et cum in praeteritum condicio confertur.

D. 46. 2. 9. 1   Ulpianus 47 ad sab.

Qui sub condicione stipulatur, quae omnimodo exstatura est, pure videtur stipulari.

（534 年 6 月 1 日发布于君士坦丁堡，其时也，朕的主人、国父优士丁尼第 4 次担任执政官，保利努斯第 5 次担任执政官）

D. 44, 7, 44, 2　保罗：《告示评注》第 74 卷

真正有效的条件是在设立债时附加的，而不是在设立债后附加的，例如这样：要是船已不从亚细亚回来，你允诺给付 100 个币吗？但在这种情况下条件已成就，可以已达成简约的抗辩或诈欺抗辩对抗债权人的请求。

D. 45, 1, 17　乌尔比安：《萨宾评注》第 28 卷

要式口约附加了取决于债务人的随意的条件的，无效。

D. 23, 3, 68　帕比尼安：《问题集》第 10 卷

嫁资允诺不因婚姻自始是在父亲不知的情况下发生的而减少效力，但这要以他后来做出了同意为前提，因为所有的嫁资允诺都包含了将来发生婚姻的默示条件。确实，如果一个女孩不到 12 岁，却被当作满了这个年龄娶为妻子，她满 12 岁后开始与丈夫共同生活时，可以请求嫁资。事实上，虽然人们普遍认为嫁资允诺只是为第一个婚姻设定的，如果后来她缔结了第二个婚姻，嫁资给付义务并不维持。如果缔结第一个婚姻后，她嫁给她对之允诺了嫁资的人，嫁资允诺因在中间期间发生了另一个婚姻而有效。

D. 12, 1, 37　帕比尼安：《定义集》第 1 卷

如果条件涉及现在的时间，要式口约的效力并不中止；如果条件是有根据的，要式口约生效，尽管缔约人并不了解条件已成就，例如这样的条件："如果帕提亚人的国王活着，你允诺给我 100 个币否"；如果条件涉及过去的时间，适用同样的规则。

D. 46, 2, 9, 1　乌尔比安：《告示评注》第 47 卷

附无论怎样都会成就的条件订立了要式口约的人，被视为按纯粹方式订立了要式口约。

6. De appositione clausulae diei, conditionis et modi

D. 35. 1. 7pr.   Ulpianus 18 ad sab.

Mucianae cautionis utilitas consistit in condicionibus, quae in non faciendo sunt conceptae, ut puta 'si in Capitolium non ascenderit' 'si Stichum non manumiserit' et in similibus: et ita Aristoni et Neratio et Iuliano visum est: quae sententia et constitutione divi Pii comprobata est. nec solum in legatis placuit, verum in hereditatibus quoque idem remedium admissum est.

D. 20. 1. 13. 5   Marcianus l. S. ad form. hypoth.

Si sub condicione debiti nomine obligata sit hypotheca, dicendum est ante condicionem non recte agi, cum nihil interim debeatur: sed si sub condicione debiti condicio venerit, rursus agere poterit. sed si praesens sit debitum, hypotheca vero sub condicione, et agatur ante condicionem hypothecaria, verum quidem est pecuniam solutam non esse, sed auferri hypothecam iniquum est: ideoque arbitrio iudicis cautiones interponendae sunt 'si condicio exstiterit nec pecunia solvatur, restitui hypothecam, si in rerum natura sit.'

D. 36. 2. 22. 1   Pomponius 5 ad q. muc.

Quaedam autem condiciones etiam supervacuae sunt, veluti si ita scribat: 'Titius heres esto. si Titius hereditatem meam adierit, Maevio decem dato' : nam pro non scripto ea condicio erit, ut omnimodo ad heredem Maevii legatum transeat, etiamsi Maevius ante aditam hereditatem decesserit. et idem, si ita fuerit scriptum: 'si Titius hereditatem meam adierit, intra dies centum Maevio decem dato' : nam hoc legatum in diem erit, non sub condicione, quia definitio Labeonis probanda est dicentis id demum legatum ad heredem legatarii transire, quod certum sit debitum iri, si adeatur hereditas.

D. 35, 1. 7pr.　　乌尔比安：《萨宾评注》第 18 卷

"穆丘斯保证"在遗留附加了不为某事的条件时十分有益，例如"如果他未登上卡皮托尔山""如果他未解放奴隶斯提库斯"以及类似的条件。阿里斯托、内拉蒂、尤里安如此决定，皮尤斯皇帝的敕令确认之。已决定，这一补救不仅适用于遗赠，而且在继承中也得到承认。

D. 20, 1, 13, 5　　马尔西安：《抵押诉讼程式评注》单卷本

如果为附条件之债设立了抵押，必须说，在条件成就之前，不能正当地起诉，因为这时尚未发生任何给付义务。但如果附条件之债的条件已经成就，可以起诉。但如果债是即时的，而抵押附有条件，抵押权人在条件成就前提起了抵押之诉，虽然他确实未被偿付金钱，但现在让他取得抵押物，有失公正。因此，必须根据法官的自由裁量宣誓订立这样的要式口约："如果条件成就，他还得不到金钱的偿付，应返还尚存在的抵押物。"

D. 36, 2, 22, 1　　彭波尼：《昆图斯·穆丘斯评注》第 5 卷

但某些条件甚至是多余的，例如这样写："指定蒂丘斯为继承人，如果蒂丘斯接受我的遗产，他应给梅维尤斯 10 个币。"事实上，该条件如同未写，即使梅维尤斯在遗产被接受前去世，遗赠物总归要移交给梅维尤斯的继承人。再者，如果这样写，"如果蒂丘斯接受了我的遗产，让他在 100 天内给梅维尤斯 10 个币"，事实上，这是附期限的而不是附条件的遗赠，因为必须接受拉贝奥的定义，他说，在遗产被接受的情况下肯定要给付的遗赠，就是要移交给受遗赠人之继承人的遗赠。

6. De appositione clausulae diei, conditionis et modi

D. 28. 3. 16   Pomponius 2 ad q. muc.

Cum in secundo testamento heredem eum qui vivit instituimus sive pure sive sub condicione (si tamen condicio existere potuit, licet non exstiterit), superius testamentum erit ruptum. multum autem interest, qualis condicio posita fuerit: nam aut in praeteritum concepta ponitur aut in praesens aut in futurum: in praeteritum concepta ponitur veluti 'si Titius consul fuit' : quae condicio si vera est, id est si Titius consul fuit, ita est institutus heres, ut superius testamentum rumpatur: tum enim ex hoc heres esset. si vero Titius consul non fuit, superius testamentum non est ruptum. quod si ad praesens tempus condicio adscripta est herede instituto, veluti 'si Titius consul est' , eundem exitum habet, ut, si sit, possit heres esse et superius testamentum rumpatur, si non sit, nec possit heres esse nec superius testamentum rumpatur. in futurum autem collatae condiciones si possibiles sunt, existere potuerunt, licet non exstiterint, efficiunt, ut superius testamentum rumpatur, etiamsi non extiterint: si vero impossibiles sunt, veluti 'Titius si digito caelum tetigerit, heres esto' , placet perinde esse, quasi condicio adscripta non sit, quae est impossibilis.

D. 12. 6. 18   Ulpianus 47 ad sab.

Quod si ea condicione debetur, quae omnimodo exstatura est, solutum repeti non potest, licet sub alia condicione, quae an impleatur incertum est, si ante solvatur, repeti possit.

D. 35. 1. 79pr.   Papinianus 1 def.

'Heres meus, cum morietur Titius, centum ei dato' . purum legatum est, quia non condicione, sed mora suspenditur: non potest enim condicio non exsistere.

D. 28, 3, 16　彭波尼：《昆图斯·穆丘斯评注》第 2 卷

如果我们在第二个遗嘱中指定了一个已出生的继承人，无论是纯粹还是附条件指定的，尽管这一条件未成就但能够成就，第一个遗嘱会被打破。但重要的是知道设立的是何种条件，因为此等条件可能涉及过去、现在或将来。涉及过去的条件的例子有人们说"如果蒂丘斯当过执政官"。如果这个条件是真实的，也就是说蒂丘斯当过执政官，则继承人指定成立，第一个遗嘱被打破，因为他因此成为唯一的继承人；如果蒂丘斯确实未当过执政官，则第一个遗嘱不被打破。如果指定继承人附加的条件涉及现在的时间，例如"如果蒂丘斯现在是执政官"，适用同样的规则，即因为他是执政官，他可以是继承人，第一个遗嘱被打破；如果他不是执政官，则他不能是继承人，第一个遗嘱不被打破。如果设立的条件涉及将来的时间，而该条件是可能的，即可以成就的，即使该条件尚未成就，都打破第一个遗嘱。如果设立的是不可能的条件，例如"如果蒂丘斯用手触到天，他就是我的继承人"，已决定，这一不能的条件视为未写。

D. 12, 6, 18　乌尔比安：《萨宾评注》第 47 卷

如果附总归要成就的条件负债，不可索回已做出的清偿，附加其成就与否为不确定的条件负债做了清偿的，可以索回。

D. 35, 1, 79pr.　帕比尼安：《定义集》第 1 卷

"让我的继承人在蒂丘斯死亡时给他 100 个币"，这是纯粹的遗赠，因为并不是以条件，而是以延缓期限悬置了行为的效力，因为这一条件不可能不成就。

6. De appositione clausulae diei, conditionis et modi

D. 30. 43. 2   Ulpianus 21 ad sab.

Legatum in aliena voluntate poni potest, in heredis non potest.

D. 45. 1. 31   Pomponius 24 ad sab.

Si rem meam sub condicione stipuler, utilis est stipulatio, si condicionis existentis tempore mea non sit.

D. 39. 5. 2. 5   Iulianus 60 dig.

Si pecuniam mihi Titius dederit absque ulla stipulatione, ea tamen condicione, ut tunc demum mea fieret, cum Seius consul factus esset: sive furente eo sive mortuo Seius consulatum adeptus fuerit, mea fiet.

D. 40. 1. 11   Paulus 64 ad ed.

Servum, qui sub condicione legatus est, interim heres manumittendo liberum non facit.

D. 11. 7. 34   Paulus 64 ad ed.

Si locus sub condicione legatus sit, interim heres inferendo mortuum non facit locum religiosum.

D. 35. 2. 73. 1   Gaius 18 ad ed. provinc.

Magna dubitatio fuit de his, quorum condicio mortis tempore pendet, id est an quod sub condicione debetur in stipulatoris bonis adnumeretur et promissoris bonis detrahatur. sed hoc iure utimur, ut, quanti ea spes obligationis venire possit, tantum stipulatoris quidem bonis accedere videatur, promissoris vero decedere. aut cautionibus res explicari potest, ut duorum alterum fiat, aut ita ratio habeatur, tamquam pure debeatur, aut ita, tamquam nihil debeatur, deinde heredes et legatarii inter se caveant, ut exsistente condicione aut heres reddat, quanto minus

D. 30, 43, 2   乌尔比安:《萨宾评注》第 21 卷

遗赠可以附取决于他人意志的条件，但不得附加取决于继承人之意志的条件。

D. 45, 1, 31   彭波尼:《萨宾评注》第 24 卷

如果我附条件地订立要式口约处分我自己的物，如果条件成就之时物不再是我的，要式口约有效。

D. 39, 5, 2, 5   尤里安:《学说汇纂》第 60 卷

如果蒂丘斯对我给付金钱，不是根据任何要式口约，而是根据这样的条件：只要塞尤斯当上了执政官，金钱就成为我的，一旦塞尤斯得到了执政官职位，不论蒂丘斯已成为精神病人还是已经死亡，金钱都变成我的。

D. 40, 1, 11   保罗:《告示评注》第 64 卷

附条件遗赠的奴隶，在条件成就前的中间期间，继承人解放他的，并不使他成为自由人。

D. 11, 7, 34   保罗:《告示评注》第 64 卷

如果附条件遗赠一块土地，在条件成就前的中间期间，继承人在该土地中埋葬死者的，并不使它成为安魂地。

D. 35, 2, 73, 1   盖尤斯:《行省告示评注》第 18 卷

其条件在死亡之时尚未成就的债，换言之，附条件之债的标的物，是否要算作债权人的财产并从债务人的财产中扣除，在法学家间有极大的争论，我们采用这样的法：可以从这种债的期待中产生的价值，人们确实认为要全部增加于债权人的财产，而且把它从债务人的财产中扣除。或者通过订立如下两种要式口约中的任一种来解决这一问题：要么把债务当作是纯粹的来算账；要么把债务当作根本不存在来算账。然后，在继承人与受遗赠人间订立这样的要式口约：如果条件成就，要么由继承人给付他少付

solverit, aut legatarii restituant, quanto plus consecuti sint.

D. 46. 2. 8. 1   Ulpianus 46 ad sab.

Legata vel fideicommissa si in stipulationem fuerint deducta et hoc actum, ut novetur, fiet novatio, si quidem pure vel in diem fuerint relicta, statim, si vero sub condicione, non statim, sed ubi condicio extiterit. nam et alias qui in diem stipulatur, statim novat, si hoc actum est, cum certum sit diem quandoque venturum: at qui sub condicione stipulatur, non statim novat, nisi condicio extiterit.

D. 20. 1. 5pr.   Marcianus l. S. ad form. hypoth.

Res hypothecae dari posse sciendum est pro quacumque obligatione, sive mutua pecunia datur sive dos, sive emptio vel venditio contrahatur vel etiam locatio conductio vel mandatum, et sive pura est obligatio vel in diem vel sub condicione, et sive in praesenti contractu sive etiam praecedat: sed et futurae obligationis nomine dari possunt: sed et non solvendae omnis pecuniae causa, verum etiam de parte eius: et vel pro civili obligatione vel honoraria vel tantum naturali. sed et in condicionali obligatione non alias obligantur, nisi condicio exstiterit.

D. 46. 1. 29   Paulus 18 ad ed.

Si sub impossibili condicione stipulatus sim, fideiussor adhiberi non potest.

的金额；要么由受遗赠人返还他们多收的金额。

D. 46, 2, 8, 1　乌尔比安:《萨宾评注》第 46 卷

如果以要式口约复述了遗赠或遗产信托，且当事人表明了更新的意图，[1] 如果它们确实是纯粹地或附期限地遗留下来的，立即成立偿付义务；但如果它们是附条件遗留下来的，不立即发生偿付义务，而要等到条件成就。与此不同的是，如果附期限订立了要式口约，如果当事人有这样的意图，立即发生更新，因为期限必将到来是确定的。而附条件订立的要式口约，只有在条件成就时才发生更新。

D. 20, 1, 5pr.　马尔西安:《抵押诉讼程式评注》单卷本

要知道，可以为任何债给付抵押物，或是为现金借贷或给付嫁资，或是为人们缔结的购买和出售，或甚至是为租赁或委任；被担保的债，或是纯粹的，或是附期限的，或是附条件的；被担保的合同，或是现在的，或甚至是以前订立的。但也可为将来的债给付抵押物。而且，不仅为全部金钱的偿付，而且也为其中一部分的偿付给付抵押物。可以为市民法上的债或荣誉法上的债，甚至为自然法上的债给付抵押物。但对附条件的债，只有条件成就后，已给付的抵押物才受抵押权的约束。[2]

D. 46, 1, 29　保罗:《告示评注》第 18 卷

如果我附不能条件缔结了要式口约，不能为它附加保证人。

---

① 遗赠、信托遗产可以是债的发生根据，构成债，可以为更改这种债订立要式口约。由于原债可能附有条件或期限，更改只有在条件成就、期限届满后才能生效。

② 为理解这一法言中的最后一句话，可参看本书中出自马尔西安的同一著作的 D. 20, 1, 13, 5。

D. 42. 4. 11   Paulus 8 ad plaut.

Si filio familias legatum vel fideicommissum sub condicione relictum sit, dicendum est tam ipsum quam patrem in possessionem mittendos esse, quia ambo spem commodi habent.

D. 35. 1. 24   Iulianus 55 dig.

Iure civili receptum est, quotiens per eum, cuius interest condicionem impleri, fit, quo minus impleatur, ut perinde habeatur, ac si impleta condicio fuisset: quod plerique et ad legata et ad heredum institutiones perduxerunt. quibus exemplis stipulationes quoque committi quidam recte putaverunt, cum per promissorem factum esset, quo minus stipulator condicioni pareret.

D. 45. 1. 137. 6   Venuleius 1 stipul.

Cum quis sub hac condicione stipulatus sit, si rem sacram aut religiosam Titius vendiderit vel forum aut basilicam et huiusmodi res, quae publicis usibus in perpetuum relictae sint: ubi omnino condicio iure impleri non potest vel id facere ei non liceat, nullius momenti fore stipulationem, proinde ac si ea condicio, quae natura impossibilis est, inserta esset. nec ad rem pertinet, quod ius mutari potest et id, quod nunc impossibile est, postea possibile fieri: non enim secundum futuri temporis ius, sed secundum praesentis aestimari debet stipulatio.

C. 6. 41. 1. 1   Imperator Iustinianus

Quod si aliquid facere vel legibus interdictum vel alias probrosum vel etiam impossibile iussus aliquis eorum fuerit, tunc sine ullo damno etiam neglecto testatoris praecepto servabitur.

<a 528 d. k. ian. Constantinopoli dn. Iustiniano a. pp. ii cons. >

D. 42, 4, 11　保罗:《普劳提评注》第 8 卷

如果家子被附条件地遗留遗赠或遗产信托,必须说他与家父都应得到占有遗产许可,因为两人都有期待利益。

D. 35, 1, 24　尤里安:《学说汇纂》第 55 卷

市民法规定:如果条件不成就给其带来利益的人阻碍条件成就,条件视为已成就。大部分法学家也把这一规则引入到遗赠和指定继承人方面。某些法学家正确地认为:在这种情况下,如果债务人试图阻碍债权人成就条件,要式口约生效。

D. 45, 1, 137, 6　魏努勒尤斯:《要式口约》第 1 卷

假若某人附这样的条件订立了要式口约:"如果蒂丘斯出售圣物或安魂物、集议场、大会堂以及某种被永久留作公共使用的物……",这里的所有条件依法律不可能成就,甚至不许他做这些事情,要式口约完全无效,完全如同规定了依性质为不能的条件。法也可能被改变,现在是不能的事情将来也许变得可能,这一说明也无补于本案,因为要式口约不应根据将来时间的法,而应根据现在的法来评定。

C. 6, 41, 1, 1　优士丁尼皇帝致大区长官梅纳

如果遗嘱人命令继承人、受遗赠人和被赠与自由权的奴隶做某种法律禁止的、不道德的或甚至是不可能的事情,即使他们不管此等指令,不会承受任何不利。

(528 年 1 月 1 日发布于君士坦丁堡,其时也,朕的主人、国父优士丁尼第 2 次担任执政官)

D. 35. 1. 71. 1   Papinianus 17 quaest.

Titio centum relicta sunt ita, ut Maeviam uxorem quae vidua est ducat: condicio non remittetur et ideo nec cautio remittenda est. huic sententiae non refragatur, quod, si quis pecuniam promittat, si Maeviam uxorem non ducat, praetor actionem denegat: aliud est enim eligendi matrimonii poenae metu libertatem auferri, aliud ad testamentum certa lege invitari.

D. 35. 2. 27   Scaevola 6 resp.

'Seius et Agerius si intra diem trigesimum mortis meae rei publicae nostrae caverint contentos se futuros tot aureis Legis Falcidiae beneficio omisso, heredes mihi sunto. quos invicem substituto. quod si voluntati meae non consenserint, exheredes sunto'. quaesitum est, an heredes instituti hereditatem adire possint, si condicioni parere nolunt, cum habeant substitutos eadem condicione praescripta. respondit seium et agerium primo loco institutos perinde adire posse, ac si ea condicio, quae fraudis causa adscripta est, adscripta non esset.

D. 35, 1, 71, 1　帕比尼安:《问题集》第 17 卷

蒂丘斯被附娶寡妇梅维娅为妻的条件被遗留 100 个币,不得除免这一条件,因此,也必不得除免他提出担保。这一意见并不与如果某人以他人不娶梅维娅为妻为条件允诺给付金钱,裁判官将否定这种债的诉权的意见相冲突,因为一者是以罚金的胁迫剥夺婚姻选择的自由;另一者是以遗嘱的特定条款促成婚姻。

D. 35, 2, 27　谢沃拉 [①]:《解答集》第 6 卷

"塞尤斯和阿杰流斯,如果在我死后的 30 日内,他们对我们的国家保证:'他们将满足于一大笔金币,因此放弃《法尔其丢斯法》的恩惠',[②] 则指定他们为我的继承人。我让他们互为替补继承人。如果他们不同意我的最后的愿望,则剥夺他们的继承权"。问题是:如果他们拒绝听命于这一条件,在他们根据上述条件都有替补继承人的情况下,被指定的继承人可否接受遗产?解答:塞尤斯和阿杰流斯可作为被指定的第一顺序的继承人接受遗产,完全如同那个诈欺性设置的条件 [③] 未设置。

---

① 从本书的附录二中可以看出,写作了《解答集》的"谢沃拉"是昆图斯·切尔维丢斯·谢沃拉(Quintus Cervidius Scaevola)。另一个"谢沃拉"是昆图斯·穆丘斯·谢沃拉(Quintus Mucius Scaevola)。

② 《法尔其丢斯法》规定:如果遗嘱人所做的遗赠额超过了遗产总数的四分之三,继承人有权扣减遗赠额,直到他们得到四分之一的遗产为止,继承人被确保得到四分之一的遗产,这就是所谓的"《法尔其丢斯法》的恩惠"。在本案中,遗嘱人以塞尤斯、阿杰流斯放弃《法尔其丢斯法》的恩惠为条件指定他们为继承人,所设立的条件违反了法律的强行性规定,因此不生效力。

③ "那个狡诈性设置的条件",应该指遗嘱人指定塞尤斯和阿杰流斯互为替补继承人的情况。替补继承是附条件的继承,普通继承人不能继承,替补继承人才能继承。指定他们互为替补继承人,意味着除非他们中的一方死去或丧失继承资格,他方不可能成为继承人。如果他们在接受遗产前都生存并都有继承资格,

6. De appositione clausulae diei, conditionis et modi

D. 35. 1. 22   Iulianus 35 dig.

Quotiens sub condicione mulieri legatur 'si non nupserit' et
eiusdem fidei commissum sit, ut Titio restituat, si nubat, commode
statuitur et si nupserit, legatum eam petere posse et non esse cogendam
fideicommissum praestare.

D. 45. 1. 8   Paulus 2 ad sab.

In illa stipulatione: 'si kalendis Stichum non dederis, decem dare
spondes?' mortuo homine quaeritur, an statim ante kalendas agi possit.
Sabinus Proculus exspectandum diem actori putant, quod est verius:
tota enim obligatio sub condicione et in diem collata est et licet ad
condicionem committi videatur, dies tamen superest. sed cum eo, qui ita
promisit: 'si intra kalendas digito caelum non tetigerit', agi protinus
potest. haec et Marcellus probat.

D. 44. 7. 1. 11   Gaius 2 aur.

Item sub impossibili condicione factam stipulationem constat
inutilem esse.

D. 30. 104. 1   Iulianus 1 ad urs. ferocem.

In testamento sic erat scriptum: 'Lucio Titio, si is heredi meo
tabellas, quibus ei pecuniam expromiseram, dederit, centum dato' :
Titius deinde antequam tabellas heredi redderet, decesserat: quaesitum
est, an heredi eius legatum deberetur. Cassius respondit, si tabulae
fuissent, non deberi, quia non redditis his dies legati non cessit. Iulianus
notat: si testamenti faciendi tempore tabulae nullae fuerunt, una ratione
dici potest legatum Titio deberi, quod adunatos condicio pro non scripta
habetur.

D. 35, 1, 22　尤里安:《学说汇纂》第 35 卷

如果附"如果她将来不结婚"的条件对妇女为遗赠,并且该遗赠被按遗产信托交给她,如果她将来结了婚,要把遗赠物返还给蒂丘斯。对这种情况,人们恰如其分地规定:如果她将来结了婚,她可要求该遗赠,且不得迫使她履行遗产信托。

D. 45, 1, 8　保罗:《萨宾评注》第 2 卷

针对这一"如果初一你不给付斯提库斯,你允诺给我 10 个币否"的要式口约,人们问:如果该奴隶已经死亡,是否可照例在初一前起诉?萨宾、普罗库鲁斯认为原告须等到该日,这是更正确的意见,因为整个的债务是附条件的,并且还附期限,就算是条件被认为已经成就,但期限还在。但对以"如果他在初一前不以手指触天……"的方式做了允诺的人,可立即起诉。马尔切勒也对此表示赞同。

D. 44, 7, 1, 11　盖尤斯:《金言集》第 2 卷

同样,附不能条件订立的要式口约无效。

D. 30, 104, 1　尤里安:《乌尔塞·费罗克斯评注》第 1 卷

针对这样写的遗嘱:"鲁丘斯·提裘斯,如果把记载了我允诺给他金钱的书板给我的继承人,让我的继承人给他 100 个币",后来,蒂丘斯在把书板归还继承人前去世。有人问:是否应对蒂丘斯的继承人给付遗赠物?卡修斯解答:如果书板实际存在,不应给付,因为不归还书板,遗赠的条件不成就。尤里安在一个注释中指出:如果订立遗嘱之时不曾有这样的书板,这可以被说成是蒂丘斯得到遗赠物的理由,因为不能的条件,视为未写。

（接上页）他们谁也不能继承。这样的条件当然是"奸诈的"。因此,谢沃拉在这一法言中,把遗嘱解释成他们都被指定为第一顺序的继承人,以此取消了他们互为替补继承人的遗嘱规定。

6. De appositione clausulae diei, conditionis et modi

D. 45. 1. 64   Africanus 7 quaest.

Huiusmodi stipulatio interposita est: 'si Titius consul factus fuerit, tum ex hac die in annos singulos dena dari spondes?' post triennium condicio exstitit: an huius temporis nomine agi possit, non immerito dubitabitur. respondit eam stipulationem utilem esse ita, ut in ea eorum quoque annorum, qui ante impletam condicionem intercesserint, praestatio in id tempus collata intellegatur, ut sententia eius sit talis: tunc cum Titius consul factus fuerit, in annos singulos, etiam praeteriti temporis habita ratione, dena praestentur.

D. 7. 4. 17   Iulianus 35 dig.

Si tibi fundi usus fructus pure, proprietas autem sub condicione Titio legata fuerit, pendente condicione dominium proprietatis adquisieris, deinde condicio extiterit, pleno iure fundum Titius habebit neque interest, quod detracto usu fructu proprietas legata sit: enim dum proprietatem adquiris, ius omne legati usus fructus amisisti.

6. 4   De modo
(D. 5. 3 ; 32. 19 ; 35. 1 ; 39. 5 ; 40. 4 ; C. 8. 54)

D. 35. 1. 17. 4   Gaius 2 de legatis ad ed.

Quod si cui in hoc legatum sit, ut ex eo aliquid faceret, veluti monumentum testatori vel opus aut epulum municipibus faceret, vel ex eo ut partem alii restitueret: sub modo legatum videtur.

D. 45, 1, 64 阿富里坎:《问题集》第 7 卷

有人订立了这样的要式口约:"如果蒂丘斯将来担任了执政官,那么,你允诺从今天起每年给 10 个币否?"三年后条件成就,是否可以为这一期间的给付起诉,并非不应该地受到质疑。解答:这一要式口约完全有效,就条件成就前经过的三年而论,给付的保证被认为也涵盖这段时间,订约人的意思是这样——只要蒂丘斯当上了执政官,每年给付 10 个币,这个每年,也算入已经过去的时间。[①]

D. 7, 4, 17 尤里安:《学说汇纂》第 35 卷

如果你被纯粹地遗赠了对土地的用益权,但所有权被附条件地遗赠给蒂丘斯,你在条件未成就的期间取得了土地的所有权,后来条件成就,蒂丘斯将对土地享有完满的权利,剥离用益权遗赠所有权的事实并非特别重要,因为一旦你取得了所有权,你就丧失了对遗赠的用益权的一切权利。

6.4 负担
（D. 5, 3 ; 32, 19 ; 35, 1 ; 39, 5 ; 40, 4 ; C. 8, 54）

D. 35, 1, 17, 4 盖尤斯:《裁判官告示评注·论遗赠》第 2 卷

如果对某人为遗赠是为了让他以该遗赠做某事,例如,为遗嘱人建一个坟墓、提供劳务或为市民举行宴会,或把其中的一部分还给别人,在这种情况下,遗赠被认为是附负担的。

---

① 这一法言涉及条件是否有溯及力之问题,对此问题,有肯定与否定两大学派。这一法言显然持肯定说,而现行《意大利民法典》持否定说,认为条件无溯及力。

6. De appositione clausulae diei, conditionis et modi

D. 39. 5. 2. 7   Iulianus 60 dig.

Titio decem donavi ea condicione, ut inde Stichum sibi emeret: quaero, cum homo antequam emeretur mortuus sit, an aliqua actione decem recipiam. respondit: facti magis quam iuris quaestio est: nam si decem Titio in hoc dedi, ut Stichum emeret, aliter non daturus, mortuo Sticho condictione repetam: si vero alias quoque donaturus Titio decem, quia interim Stichum emere proposuerat, dixerim in hoc me dare, ut Stichum emeret, causa magis donationis quam condicio dandae pecuniae existimari debebit et mortuo Sticho pecunia apud Titium remanebit.

D. 39. 5. 3   Ulpianus 76 ad ed.

Et generaliter hoc in donationibus definiendum est multum interesse, causa donandi fuit an condicio: si causa fuit, cessare repetitionem, si condicio, repetitioni locum fore.

D. 32. 19   Valens 5 fideic.

Si tibi legatum est vel fideicommissum relictum, uti quid facias, etiamsi non interest heredis id fieri, negandam tibi actionem, si non caveas heredi futurum, quod defunctus voluit, Nerva et Atilicinus recte putaverunt.

C. 8. 54. 3pr.   Imperatores Diocletianus, Maximianus

Quotiens donatio ita conficitur, ut post tempus id quod donatum est alii restituatur, veteris iuris auctoritate rescriptum est, si is in quem liberalitatis compendium conferebatur stipulatus non sit, placiti fide non impleta, ei qui liberalitatis auctor fuit vel heredibus eius condicticiae actionis persecutionem competere.

D. 39, 5, 2, 7　尤里安:《学说汇纂》第 60 卷

我赠与蒂丘斯 10 个币,条件是马上用它为自己购买斯提库斯。我问:如果该奴隶在购买前死亡,我是否有某种诉权取回这 10 个币?解答:这与其说是一个法律问题,不如说是一个事实问题。因为本案的情况是:我给蒂丘斯 10 个币,是为了让他购买斯提库斯,否则我不给这 10 个币,由于斯提库斯的死亡,我可利用请求给付之诉索回这 10 个币。但如果我是在另外的场合赠与蒂丘斯 10 个币,由于他当时提出要购买斯提库斯,我在这种情况下说,为了让他购买斯提库斯,我做这个赠与,对于这种情况,金钱的给付应被评定为赠与的原因而不是条件,如果斯提库斯死亡,蒂丘斯将保有金钱。

D. 39, 5, 3　乌尔比安:《告示评注》第 76 卷

总之,对于这种情况,须确定赠与是给付的原因还是条件,这是很有区别的:如果赠与是原因,不能索回;如果是条件,可以索回。

D. 32, 19　瓦伦斯:《遗产信托》第 5 卷

如果你被遗留遗赠或遗产信托让你做某事,即使该事的做成对于继承人无关紧要,内尔瓦和阿提利奇努斯正确地认为:如果你不对继承人保证你将做死者希望你做的事情,必须否认你的诉权。

C. 8, 54, 3pr.　戴克里先及马克西米安皇帝致尤利娅·马尔切拉

如果赠与附加了过一段时间后赠与物要返还给他人的条件,已根据古法的权威发布了敕答:如果慷慨行为的受益人未订立要式口约,且不守信义,慷慨行为的实施者或其继承人可以通过请求给付之诉追回赠与物。

6. De appositione clausulae diei, conditionis et modi

* Diocl. et Maxim. aa. Iuliae Marcellae. * <a 290 pp. Sirmi xi k. Oct. Ipsis iiii et iii aa. conss. >

D. 40. 4. 44   Modestinus 10 resp.

Maevia decedens servis suis nomine Sacco et Eutychiae et Irenae sub condicione libertatem reliquit his verbis: 'Saccus servus meus et Eutychia et Irene ancillae meae omnes sub hac condicione liberi sunto, ut monumento meo alternis mensibus lucernam accendant et sollemnia mortis peragant' : quaero, cum adsiduo monumento Maeviae Saccus et Eutychia et Irene non adsint, an liberi esse possunt. Modestinus respondit neque contextum verborum totius scripturae neque mentem testatricis eam esse, ut libertas sub condicione suspensa sit, cum liberos eos monumento adesse voluit: officio tamen iudicis eos esse compellendos testatricis iussioni parere.

D. 5. 3. 50. 1   Papinianus 6 quaest.

Si defuncto monumentum condicionis implendae gratia bonae fidei possessor fecerit, potest dici, quia voluntas defuncti vel in hoc servanda est, utique si probabilem modum faciendi monumenti sumptus, vel quantum testator iusserit, non excedat, eum, cui aufertur hereditas, impensas ratione doli exceptione aut retenturum aut actione negotiorum gestorum repetiturum, veluti hereditario negotio gesto: quamvis enim stricto iure nulla teneantur actione heredes ad monumentum faciendum, tamen principali vel pontificali auctoritate compelluntur ad obsequium supremae voluntatis.

（290 年 9 月 21 日发布于西尔米奥，其时也，上述皇帝分别第 4 次和第 3 次担任执政官）

D. 40, 4, 44 莫德斯丁:《解答集》第 10 卷

梅维娅临死前遗留给她的奴隶萨库斯、埃乌提基娅以及依内娜以附条件的自由权，她是这样措辞的:"令我的奴隶萨库斯以及我的婢女埃乌提基娅、依内娜全部在这一条件下成为自由人——他们要隔月到我的坟前点灯并祭奠死者如仪。"我问:如果萨库斯、埃乌提基娅和依内娜没有经常不断地去梅维娅的坟墓，他们可否成为自由人? 莫德斯丁解答:不论是整个遗嘱的上下文，还是女遗嘱人的内心，都无让自由权附停止条件的意思，因为她宁可他们作为自由人到坟前来。但法官必须依职责强迫他们执行女遗嘱人的命令。

D. 5, 3, 50, 1 帕比尼安:《问题集》第 6 卷

如果遗产的诚信占有人为了成就条件为死者建造了坟墓，可以说，由于死者最后的愿望甚至在这种情况下也被遵守了，尤其在建造坟墓的花费不超过可以接受的标准或遗嘱人指定的数额的情况下，诚信占有人被剥夺了遗产后，要么可以通过诈欺的抗辩留置合理的费用，要么可以通过无因管理之诉索回合理的费用，就像他管理了遗产的事务一样。因为尽管依严格法，没有任何诉权迫使继承人建造坟墓，但元首或大祭司的权威迫使他们尊重这最高的愿望。

6. 5   De negotio cum conditione suspensiva
sive die suspensivo
(D. 18. 1/2/3/7 ; 23. 4 ; 39. 5)

D. 18. 1. 3   Ulpianus 28 ad sab.

Si res ita distracta sit, ut si displicuisset inempta esset, constat non esse sub condicione distractam, sed resolvi emptionem sub condicione.

D. 18. 2. 2pr.   Ulpianus 28 ad sab.

Quotiens fundus in diem addicitur, utrum pura emptio est, sed sub condicione resolvitur, an vero condicionalis sit magis emptio, quaestionis est. et mihi videtur verius interesse, quid actum sit: nam si quidem hoc actum est, ut meliore allata condicione discedatur, erit pura emptio, quae sub condicione resolvitur: sin autem hoc actum est, ut perficiatur emptio, nisi melior condicio offeratur, erit emptio condicionalis.

D. 18. 2. 2. 1   Ulpianus 28 ad sab.

Ubi igitur secundum quod distinximus pura venditio est, Iulianus scribit hunc, cui res in diem addicta est, et usucapere posse et fructus et accessiones lucrari et periculum ad eum pertinere, si res interierit,

D. 18. 3. 1   Ulpianus 28 ad sab.

Si fundus commissoria lege venierit, magis est, ut sub condicione resolvi emptio quam sub condicione contrahi videatur.

6.5　附解除条件或终期的解除性法律行为
（D. 18, 1/2/3/7；23, 4；39, 5）

D. 18, 1, 3　乌尔比安:《萨宾评注》第 28 卷

如果这样售出物品:"若不喜欢则不买。"显然出售未附条件,[1] 但出售附有解除条件。

D. 18, 2, 2pr.　乌尔比安:《萨宾评注》第 28 卷

如果附加择优解除简约出售一块土地,有人问:出售是纯粹的,因条件的成就而解除,还是出售附有条件?我认为应弄清合同的文句。如果合同规定,一旦出现更有利的条件,合同即归撤销,这是一个纯粹的买受,它因所附条件的成就而解除。然而,如果合同规定,如果没有出现有利的条件,买受应成立,这是一个附条件的买受。

D. 18, 2, 2, 1　乌尔比安:《萨宾评注》第 28 卷

根据我们前面做出的区分,如果出售为纯粹的,尤里安写道:缔结了这样的买卖契约的买方,在期限届满前可以对出售物实行时效取得,并且可以获取出售物的孳息和从物,亦承担物品灭失的风险。

D. 18, 3, 1　乌尔比安:《萨宾评注》第 28 卷

如果附"若不依约付款即可解除合同"的简约出售土地,与其说这是附条件缔结买卖,不如说这是附条件解除买卖。

---

① 罗马人认为附解除条件的买卖不是附条件的买卖,因为买卖合同立即生效。

D. 18. 3. 2   Pomponius 35 ad sab.

Cum venditor fundi in lege ita caverit: 'si ad diem pecunia soluta non sit, ut fundus inemptus sit', ita accipitur inemptus esse fundus, si venditor inemptum eum esse velit, quia id venditoris causa caveretur: nam si aliter acciperetur, exusta villa in potestate emptoris futurum, ut non dando pecuniam inemptum faceret fundum, qui eius periculo fuisset.

D. 23. 4. 9   Pomponius 16 ad sab.

Si ita conveniat, ut, si vivo socero mortua sit filia, ipsi socero, si mortuo, filio eius, si filio quoque defuncto totum suo heredi reddatur, benigna interpretatione potest defendi utilem stipulationem esse.

D. 39. 5. 1pr.   Iulianus 17 dig.

Donationes complures sunt. dat aliquis ea mente, ut statim velit accipientis fieri nec ullo casu ad se reverti, et propter nullam aliam causam facit, quam ut liberalitatem et munificentiam exerceat: haec proprie donatio appellatur. dat aliquis, ut tunc demum accipientis fiat, cum aliquid secutum fuerit: non proprie donatio appellabitur, sed totum hoc donatio sub condicione est. item cum quis ea mente dat, ut statim quidem faciat accipientis, si tamen aliquid factum fuerit aut non fuerit, velit ad se reverti, non proprie donatio dicitur, sed totum hoc donatio est, quae sub condicione solvatur. qualis est mortis causa donatio.

D. 18. 7. 3   Paulus 50 ad ed.

Si quis hac lege veniit, ut intra certum tempus manumittatur: si non sit manumissus, liber fit, si tamen is qui vendidit in eadem voluntate perseveret: heredis voluntatem non esse exquirendam.

D. 18, 3, 2　彭波尼:《萨宾评注》第 35 卷

土地出卖人在合同中这样规定:"如果在规定的时间内未偿付价款,应认为买受不曾发生。"应理解为出卖人有如此的愿望时买卖才不曾发生,因为该规定为出卖人的利益而设。确实,如果作不同的理解,如果别墅被烧毁了,买受人有权以不付价款的方式使土地出卖不发生,此等土地的风险是由他承担的。

D. 23, 4, 9　彭波尼:《萨宾评注》第 16 卷

如果父亲如此约定:其兄弟生存而女儿死亡的,她的全部未给付嫁资给上述兄弟;如果公公死亡,给其儿子;如果儿子也死了,给其继承人。通过慷慨的解释,可维持这一要式口约有效。

D. 39, 5, 1pr.　尤里安:《学说汇纂》第 17 卷

赠与有多种。给付物,意在让它立即成为收受人的,在任何情况下都不回复给他,并且他这样做,除了表示大方和慷慨外不为任何其他的原因,此谓之严格意义上的赠与;给付物,如果某事接着发生,物只是在这个时候才成为收受人的,此谓之非严格意义上的赠与,实际上,这不过是附条件的赠与;再者,如果某人给付物,确实意在让它成为收受人的,但如果将来发生或不发生某事,他宁愿物回复给他,这种情况不被说成严格意义上的赠与,实际上,这不过是附解除条件的赠与。死因赠与属此。[①]

D. 18, 7, 3　保罗:《告示评注》第 50 卷

如果出售人达成了一个在一定期间内由买受人解放被出售的奴隶的约款,如果将来他未被解放,他成为自由人,但这要以出售人坚持他的上述态度为条件。不必考虑继承人的态度。

[①]　死因赠与通常被说成是附停止条件的赠与,以赠与人先于受赠人死亡为契约的生效条件。这一法言把死因赠与称为附解除条件的赠与,因为受赠人若先于赠与人死亡,赠与契约解除。上述两种对死因赠与的解释,在实际效果上并无不同。

7. De determinatione et interpretatione negotii

D. 18. 1. 36   Ulpianus 43 ad ed.

Cum in venditione quis pretium rei ponit donationis causa non exacturus, non videtur vendere.

D. 19. 2. 46   Ulpianus 69 ad ed.

Si quis conduxerit nummo uno, conductio nulla est, quia et hoc donationis instar inducit.

D. 50. 16. 219   Papinianus 2 resp.

In conventionibus contrahentium voluntatem potius quam verba spectari placuit. cum igitur ea lege fundum vectigalem municipes locaverint, ut ad heredem eius qui suscepit pertineret, ius heredum ad legatarium quoque transferri potuit.

D. 32. 69pr.   Marcellus l. S. resp.

Non aliter a significatione verborum recedi oportet, quam cum manifestum est aliud sensisse testatorem.

D. 34. 5. 24   Marcellus 11 dig.

Cum in testamento ambigue aut etiam perperam scriptum est, benigne interpretari et secundum id, quod credibile est cogitatum, credendum est.

D. 50. 17. 12   Paulus 3 ad sab.

In testamentis plenius voluntates testantium interpretamur.

7. 法律行为的确定和解释

D. 18, 1, 36 乌尔比安:《告示评注》第 43 卷

如果某人在订立买卖契约时确定了价格，但心里想着赠送该标的物而不要求此等价金，不应认为发生了买卖。

D. 19, 2, 46 乌尔比安:《告示评注》第 69 卷

如果某人以一个铜板的租金承租某物，承租无效，因为这看起来像一个赠与。

D. 50, 16, 219 帕比尼安:《解答集》第 2 卷

已决定：对于协议，要更尊重缔约人的意思而不是其文句。因此，如果自治市的长官出租了税地，规定租约也适用于承租人之继承人的约款，继承人的权利也移转于受遗赠人。

D. 32, 69pr. 马尔切勒:《解答集》单卷本

除非遗嘱人显然另有所指，不必背离文句的意思。

D. 34, 5, 24 马尔切勒:《学说汇纂》第 11 卷

如果遗嘱中有模棱两可的或甚至错误的规定，它要受到宽宏大量的解释，按照此等解释，必须相信任何被设想为可信的意图。

D. 50, 17, 12 保罗:《萨宾评注》第 3 卷

在遗嘱案件中，我们尽可能完整地解释遗嘱人的意思。

7. De determinatione et interpretatione negotii

D. 32. 25. 1 Paulus 1 ad ner.

Cum in verbis nulla ambiguitas est, non debet admitti voluntatis quaestio.

D. 50. 17. 56 Gaius 3 de legatis ad ed. urb.

Semper in dubiis benigniora praeferenda sunt.

D. 50. 17. 114 Paulus 9 ad ed.

In obscuris inspici solere, quod verisimilius est aut quod plerumque fieri solet.

D. 50. 17. 9 Ulpianus 15 ad sab.

Semper in obscuris quod minimum est sequimur.

D. 50. 17. 110pr. Paulus 6 ad ed.

In eo, quod plus sit, semper inest et minus.

D. 34. 5. 3 Paulus 14 quaest.

In ambiguo sermone non utrumque dicimus, sed id dumtaxat quod volumus: itaque qui aliud dicit quam vult, neque id dicit quod vox significat, quia non vult, neque id quod vult, quia id non loquitur.

D. 50. 17. 67 Iulianus 87 dig.

Quotiens idem sermo duas sententias exprimit, ea potissimum excipiatur, quae rei gerendae aptior est.

D. 45. 1. 80 Ulpianus 74 ad ed.

Quotiens in stipulationibus ambigua oratio est, commodissimum est id accipi, quo res, qua de agitur, in tuto sit.

D. 45. 1. 38. 18 Ulpianus 49 ad sab.

In stipulationibus cum quaeritur, quid actum sit, verba contra stipulatorem interpretanda sunt.

D. 32, 25, 1　保罗：《内拉蒂评注》第 1 卷

如果文句中无模棱两可，不应承认有意思问题。

D. 50, 17, 56　盖尤斯：《内事裁判官告示评注·论遗嘱》第 3 卷

在疑难案件中，更宽宏大量的解释总必须优先。

D. 50, 17, 114　保罗：《告示评注》第 9 卷

对模糊不清的文句，通常着眼于较可能或较经常赋予的意思。

D. 50, 17, 9　乌尔比安：《萨宾评注》第 15 卷

对模糊不清的文句，我们总是采用最小的解释。[①]

D. 50, 17, 110pr.　保罗：《告示评注》第 6 卷

较大者总是包括较小者。

D. 34, 5, 3　保罗：《问题集》第 14 卷

不论表意所用言语有何歧义，均不可能表达双重意义，而只能表达一种欲表之意。因此，说了他不想说的话的人，并未说他以语句表白的话，因为他不想这么说；他也没有说他想说的话，因为他没有将它说出来。

D. 50, 17, 67　尤里安：《学说汇纂》第 87 卷

一词两义时，最好取其中更体现事物性质者。

D. 45, 1, 80　乌尔比安：《告示评注》第 74 卷

如果要式口约中有含混的表述，最好按完整保留标的物的方式进行解释。

D. 45, 1, 38, 18　乌尔比安：《萨宾评注》第 49 卷

在要式口约案件中，如对是否实施某一行为存有疑义，则其文句应做不利于债权人的解释。

---

① 因为解释越狭义，困难越少。

7. De determinatione et interpretatione negotii

D. 50. 17. 172pr.   Paulus 5 ad plaut.

In contrahenda venditione ambiguum pactum contra venditorem interpretandum est.

D. 33. 6. 3. 1   Ulpianus 23 ad sab.

Si vinum legatum sit, videamus, an cum vasis debeatur. et Celsus inquit vino legato, etiamsi non sit legatum cum vasis, vasa quoque legata videri, non quia pars sunt vini vasa, quemadmodum emblemata argenti (scyphorum forte vel speculi), sed quia credibile est mentem testantis eam esse, ut voluerit accessioni esse vino amphoras: et sic, inquit, loquimur habere non amphoras mille, ad mensuram vini referentes. in doliis non puto verum, ut vino legato et dolia debeantur, maxime si depressa in cella vinaria fuerint aut ea sunt, quae per magnitudinem difficile moventur. in cuppis autem sive cuppulis puto admittendum et ea deberi, nisi pari modo immobiles in agro velut instrumentum agri erant. vino legato utres non debebuntur: nec culleos quidem deberi dico.

D. 50, 17, 172pr.   保罗:《普劳提评注》第 5 卷

对于买卖契约中有疑义之款,须做不利于出卖人的解释。

D. 33, 6, 3, 1   乌尔比安:《萨宾评注》第 23 卷

如果遗赠的是酒,让我们看是否应一并给付装酒的容器。杰尔苏说:遗赠酒,即使未一并遗赠容器,人们认为也遗赠了容器,这并不是因为容器像镶嵌细工是银器的一部分一样(也许是高脚杯或铜镜的一部分),是酒的一部分,而是因为可以推知遗嘱人具有酒瓶是酒的从物的希望。他还说:我们说我们有 1 000 个酒瓶,这说的是酒的数量。但对大桶里的酒而言,我认为遗赠酒时,不应也给付大桶,如果它们被埋在酒窖里,或因它们的体积庞大而难以移动,尤其如此。但对小木桶或小缸里的酒而言,我认为,如果遗赠酒,必须承认也要给付它们,如果它们像不动产一样作为土地的配套设施被固定在土地中,则另当别论。遗赠酒,不应给付皮囊。我 ① 还要说,也不应给付皮袋子。

---

① 这个 "我" 是这一法言的作者乌尔比安。在这一句之前,他一直在引用杰尔苏的话。

8. De negotio per tertiam partem facto

8. 1 De voluntaria repraesentatione
(D. 2. 14 ; 3. 3 ; 13. 7 ; 14. 3 ; 18. 1 ;
23. 2 ; 41. 1 ; 46. 5 ; C. 4. 27)

D. 18. 1. 2pr. Ulpianus 1 ad sab.

Inter patrem et filium contrahi emptio non potest, sed de rebus castrensibus potest.

D. 2. 14. 2pr. Paulus 3 ad ed.

Labeo ait convenire posse vel re: vel per epistulam vel per nuntium inter absentes quoque posse. sed etiam tacite consensu convenire intellegitur.

D. 23. 2. 5 Pomponius 4 ad sab.

Mulierem absenti per litteras eius vel per nuntium posse nubere placet, si in domum eius deduceretur: eam vero quae abesset ex litteris vel nuntio suo duci a marito non posse: deductione enim opus esse in mariti, non in uxoris domum, quasi in domicilium matrimonii.

D. 3. 3. 1pr. Ulpianus 9 ad ed.

Procurator est qui aliena negotia mandatu domini administrat.

D. 3. 3. 1. 1 Ulpianus 9 ad ed.

Procurator autem vel omnium rerum vel unius rei esse potest

8. 通过第三人实施的法律行为

8.1 意定代理
（D. 2, 14 ; 3, 3 ; 13, 7 ; 14, 3 ; 18, 1 ;
23, 2 ; 41, 1 ; 46, 5 ; C. 4, 27）

D. 18, 1, 2pr. 乌尔比安:《萨宾评注》第 1 卷
父子间不能缔结买卖合同，但可缔结买卖兵营特有产的合同。

D. 2, 14, 2pr. 保罗:《告示评注》第 3 卷
拉贝奥说：可通过交付物达成协议，不在场的人之间也可通过书信或信使达成协议。但人们认为：也可通过默示的合意达成协议。

D. 23, 2, 5 彭波尼:《萨宾评注》第 4 卷
已决定：女子可通过书信或使者与不在场的男子结婚，只要她已被带入夫家。相反，不在场的女子通过书信或使者表示同意结婚的，不能被丈夫所娶。因为迎娶必须在作为婚姻住所的夫家而非女子家进行。

D. 3, 3, 1pr. 乌尔比安:《告示评注》第 9 卷
代理人是根据被代理人的委托管理他人事务的人。

D. 3, 3, 1, 1 乌尔比安:《告示评注》第 9 卷
而被设立的代理人，可以是全部事务或一项事务的代理人；

constitutus vel coram vel per nuntium vel per epistulam: quamvis quidam, ut Pomponius libro vicensimo quarto scribit, non putent unius rei mandatum suscipientem procuratorem esse: sicuti ne is quidem, qui rem perferendam vel epistulam vel nuntium perferendum suscepit, proprie procurator appellatur. sed verius est eum quoque procuratorem esse qui ad unam rem datus sit.

C. 4. 27. 1pr.   Imperatores Diocletianus, Maximianus

Excepta possessionis causa per liberam personam, quae alterius iuri non est subdita, nihil adquiri posse indubii iuris est.

* Diocl. et Maxim. aa. Marcello. * <a 290 d. k. iul. ipsis iiii et iii aa. conss. >

D. 41. 1. 13pr.   Neratius 6 reg.

Si procurator rem mihi emerit ex mandato meo eique sit tradita meo nomine, dominium mihi, id est proprietas adquiritur etiam ignoranti.

D. 14. 3. 1   Ulpianus 28 ad ed.

Aequum praetori visum est, sicut commoda sentimus ex actu institorum, ita etiam obligari nos ex contractibus ipsorum et conveniri. sed non idem facit circa eum qui institorem praeposuit, ut experiri possit: sed si quidem servum proprium institorem habuit, potest esse securus adquisitis sibi actionibus: si autem vel alienum servum vel etiam hominem liberum, actione deficietur: ipsum tamen institorem vel dominum eius convenire poterit vel mandati vel negotiorum gestorum. Marcellus autem ait debere dari actionem ei qui institorem praeposuit in eos, qui cum eo contraxerint.

D. 41. 1. 9. 4   Gaius 2 rer. cott.

Nihil autem interest, utrum ipse dominus per se tradat alicui rem an

可以当面设立，也可通过信使或书信设立。尽管某些法学家并不认为受一项事务之委托的人是代理人，就像受转交一物或转交一封信或一个口信之委托的人确实不被称作严格意义上的代理人一样，彭波尼在其《告示评注》第 24 卷中就是这样写的，但被授予一项事务之委托的人也是代理人的观点，更为正确。

C. 4, 27, 1pr.　戴克里先及马克西米安皇帝致马尔切勒

不能通过不受制于他人权力的自由人取得任何物，但可取得占有，这是无可置疑的法。[①]

（发布于 290 年 7 月 1 日，其时也，上述皇帝分别第 4 次和第 3 次担任执政官）

D. 41, 1, 13pr.　内拉蒂:《规则集》第 6 卷

如果代理人根据我的委托为我购买了物，并以我的名义受领了交付，我甚至在不知的情况下取得了主人权即所有权。

D. 14, 3, 1　乌尔比安:《告示评注》第 28 卷

裁判官认为如此方为公正：既然我们从总管的管理行为中获得好处，我们也要为他们订立的合同担责或应诉。但裁判官并未把这一规则适用于指定总管者，让他享有起诉权，如果指定一名自己的奴隶为总管，则可以稳妥地通过他为自己获得诉权。但如果指定一名他人的奴隶或一名自由人为总管，则就得不到诉权。在这种情况下，人可依委任之诉或无因管理之诉向此等总管本人或其主人起诉。但马尔切勒说，应赋予指定总管者诉权用来对抗与总管缔约者。

D. 41, 1, 9, 4　盖尤斯:《日常事务》或《金言集》第 2 卷

是所有人本人还是根据其决定行事的他人对某人交付物，毫

---

① 这一法言否定了一个人可利用自由人作代理人的可能。在罗马法上是否存在代理制度，这是一个聚讼纷纭的问题。这一法言有利于否定说。

voluntate eius aliquis. qua ratione si cui libera negotiorum administratio ab eo qui peregre proficiscitur permissa fuerit et is ex negotiis rem vendiderit et tradiderit, facit eam accipientis.

D. 13. 7. 20pr. Paulus 29 ad ed.

Aliena res pignori dari voluntate domini potest: sed et si ignorante eo data sit et ratum habuerit, pignus valebit.

D. 3. 3. 63 Modestinus 6 diff.

Procurator totorum bonorum, cui res administrandae mandatae sunt, res domini neque mobiles vel immobiles neque servos sine speciali domini mandatu alienare potest, nisi fructus aut alias res, quae facile corrumpi possunt.

D. 46. 5. 5 Paulus 48 ad ed.

In omnibus praetoriis stipulationibus hoc servandum est, ut, si procurator meus stipuletur, mihi causa cognita ex ea stipulatione actio competat. idem est et cum institor in ea causa esse coepit, ut interposita persona eius dominus mercis rem amissurus sit, veluti bonis eius venditis: succurrere enim domino praetor debet.

8. 2   De legitima repraesentatione
(D. 26. 7/9 ; 27. 10)

D. 26. 7. 9pr. Ulpianus 36 ad ed.

Quotiens tutor pecuniam pupillarem faenori dat, stipulatio hoc ordine facienda est. stipulari enim debet aut pupillus aut servus pupilli: quod

无区别。根据这一规则，如果启程出国的人允许某人自由地管理事务，后者根据一个交易交付了一物，他使该物成为收受人的。

D. 13, 7, 20pr. 保罗:《告示评注》第 29 卷

可以根据所有人的意思出质他人的物。即使质物是在所有人不知的情况下给付的，如果他做出了批准，出质有效。

D. 3, 3, 63 莫德斯丁:《区别集》第 6 卷

被委托管理事务的全产代理人，只有经被代理人的特别委托，才可出卖被代理人的动产物、不动产物或奴隶，果实或其他可能容易腐烂的物除外。

D. 46, 5, 5 保罗:《告示评注》第 48 卷

在所有裁判官法上的要式口约中，都必须遵循这一规则：如果我的代理人就案件的审理订立要式口约，我根据该要式口约取得诉权。同样的规则也适用于开始处于这种情况下的总管，在他作为中介人时，其主人将丧失其物，例如出卖其财产的情况，裁判官当然应给予主人以救济。

8.2 法定代理
（D. 26, 7/9；27, 10）

D. 26, 7, 9pr. 乌尔比安:《告示评注》第 36 卷

如果监护人把被监护人的金钱有息地贷给他人，他必须根据这一顺序订立要式口约：他应该让被监护人或被监护人的奴隶成

si neque pupillus eius aetatis erit, ut stipulari possit, neque servum habebit, tunc ipse tutor quive in eius potestate erit, quo casu Iulianus saepissime scripsit utilem actionem pupillo dandam. sed et si absens sit pupillus, oportere tutorem suo nomine stipulari nequaquam ambigendum est.

D. 26. 9. 2   Ulpianus 1 opin.

Si tutor vel curator pecunia eius, cuius negotia administrat, mutua data ipse stipulatus fuerit vel praedia in nomen suum emerit, utilis actio ei, cuius pecunia fuit, datur ad rem vindicandam vel mutuam pecuniam exigendam.

D. 27. 10. 10. 1   Ulpianus 16 ad ed.

Curator furiosi rem quidem suam quasi furiosi tradere poterit et dominium transferre: rem vero furiosi si quasi suam tradat, dicendum, ut non transferat dominium, quia non furiosi negotium gerens tradidit.

D. 27. 10. 11   Paulus 7 ad plaut.

Pignus a curatore furiosi datum valet, si utilitate furiosi exigente id fecit.

D. 27. 10. 7pr.   Iulianus 21 dig.

Consilio et opera curatoris tueri debet non solum patrimonium, sed et corpus ac salus furiosi.

D. 27. 10. 7. 2   Iulianus 21 dig.

Cum dementis curatorem, quia satis non dederat et res male administraret, proconsul removerit a bonis aliumque loco eius

为要式口约的债权人；但如果被监护人既未达到可订立要式口约的年龄，又无奴隶，那么监护人本人或处在其权力下的人应成为要式口约的债权人，对这种情况，尤里安屡次写道，必须授予被监护人扩用诉权。但如果被监护人不在场，监护人须以被监护人的名义成为要式口约的债权人，这是毫无疑问的。

D. 26, 9, 2　乌尔比安：《意见集》第 1 卷

如果监护人或保佐人用他们管理其事务的人的金钱放贷，自己成为要式口约的债权人或以自己的名义购买了土地，要授予金钱的所有人扩用诉权，让他追回土地或索回贷出的金钱。

D. 27, 10, 10, 1　乌尔比安：《告示评注》第 16 卷

精神病人的保佐人确实可交付精神病人的物并可移转所有权，仿佛他就是精神病人。但他如果把精神病人的物当作他自己的物为交付，必须说他并未移转所有权，因为他并不是在管理精神病人的事务时做的交付。

D. 27, 10, 11　保罗：《普劳提评注》第 7 卷

精神病人的保佐人给付质物的，如果精神病人的利益要求这样做，有效。

D. 27, 10, 7pr.　尤里安：《学说汇纂》第 21 卷

保佐人的忠告和协助[①]不仅应使精神病人的财产，而且应使精神病人的身体和健康得到保护。

D. 27, 10, 7, 2　尤里安：《学说汇纂》第 21 卷

如果精神病人的保佐人由于未给付担保以及事务管理糟糕，行省执政官褫夺了其职务，并以另外的保佐人接替了其职位，此

---

① 饶有兴味的是，在罗马刑法中，Consilium 和 Opera 分别是"犯罪教唆"和"犯罪协助"的意思。在这一法言中，这两个词有了截然不同的含义。

substituerit curatorem, et hic posterior, cum nec ipse satisdedisset, egerit cum remoto negotiorum gestorum, posteaque heredes dementis cum eodem negotiorum gestorum agant et is exceptione rei iudicatae inter se et curatorem utatur: heredibus replicatio danda erit: 'aut si is qui egit satisdederat'. sed an replicatio curatori profutura esset, iudex aestimabit: nam si curator sequens pecuniam, quam ex condemnatione consecutus fuerat, in rem furiosi vertisset, doli triplicatio obstabit.

后，新保佐人在自己也未给付担保的情况下，对被褫夺了职务的保佐人提起了无因管理之诉，再后，精神病人的继承人对同一人也提起了无因管理之诉，而被告援引了他与保佐人之间的案件已被判决的抗辩。必须授予继承人以"如果起诉人已经给付担保"的反抗辩。但此等反抗辩是否有效，由法官评定，因为如果新保佐人已把起诉对第一个保佐人所做判决得到的金钱归入精神病人的财产，诈欺的第三抗辩将阻碍第二抗辩。

附录一

优士丁尼《学说汇纂》总目录

Liber I

第一卷

---

① 即皇帝,所立之法为敕令。

② 禁卫军长官发源于骑兵长官,曾经是独裁官的助手,后来得到受理上诉的司法权。名称一样的官吏有"大区长官"(Prefetture di Praetorio),为帝国后期的官吏,负责一个大区的军政事务。

---

① 市长官负责审理刑事案件、奴隶及恩主的申诉。周枏先生将之译为"京都保安司令"。

② 财务官每个行省设一个，他们抽签选择自己的行省，地位仅次于行省总督。但这种官吏中的一些是皇帝候选人，担任此任是为了让他们积累政治经验，其主要义务是向元老院宣读皇帝的敕令。对这类 Questor，也可译为"敕令宣读官"。

③ 消防长官被周枏先生译为"宵警官"。

④ 行省执政官原文为 Proconsul。在该词中，Pro 为表示"类似"的前缀，Proconsul 为"类执政官"之意。因为执政官制度仅限适用于罗马，在行省，具有罗马执政官地位的官吏只能是"类执政官"，此处姑译为"行省执政官"。"副手"原文为 Legatus，有时亦作 Legatus Caesaris，直译分别为"使者"和"恺撒的使者"，是行省执政官的副职，也可译为"副行省执政官"，在一定情况下，后者可代行前者的司法权。

⑤ 埃及长官因由奥古斯都授权设立，直译是"奥古斯都的长官"，他是管辖埃及行省的，因此此处意译为"埃及长官"。

⑥ "总督"与"行省执政官"的关系是这样的：总督是一般名词；行省执政官是特别名词，行省执政官是总督的一种。

⑦ "恺撒的代理人或财务总管"是负责管理皇室财产的官吏。

esaris vel rationalis.

D. 1. 20. 0. De officio iuridici.

D. 1. 21. 0. De officio eius, cui mandata est iurisdictio.

D. 1. 22. 0. De officio adsessorum.

Liber II

第二卷

D. 2. 1. 0. De iurisdictione.

D. 2. 2. 0. Quod quisque iuris in alterum statuerit, ut ipse eodem iure utatur.

D. 2. 3. 0. Si quis ius dicenti non obtemperaverit.

D. 2. 4. 0. De in ius vocando.

D. 2. 5. 0. Si quis in ius vocatus non ierit sive quis eum vocaverit, quem ex edicto non debuerit.

D. 2. 6. 0. In ius vocati ut eant aut satis vel cautum dent.

D. 2. 7. 0. Ne quis eum qui in ius vocabitur vi eximat.

D. 2. 8. 0. Qui satisdare cogantur vel iurato promittant vel suae promissioni committantur.

D. 2. 9. 0. Si ex noxali causa agatur, quemadmodum caveatur.

D. 2. 10. 0. De eo per quem factum

1. 关于管辖权

2. 立法者受自立之法的约束 ①

3. 某人不服从司法者的决定的情况

4. 关于传唤至法院

5. 如果某人被传唤而不去法院或如果某人传唤了依告示不应被传唤的人 ②

6. 被传唤去法院者的出庭、提出担保或做出出庭保证

7. 避免某人以暴力解脱被传唤去法院者的措施

8. 被强制提供担保或做出宣誓允诺的人，以及违反其允诺的人

9. 如果被提起损害投偿之诉，如何做出保证？

10. 关于由于其行为使某人不能出席审判的人

11. 如果保证出席审判的人由于事件不遵守其保证

---

① 这一标题直译是"任何人针对他人制定的法，都要适用于他自己"。

② 此节名实不符，其内容只包括该标题的前部。

erit quominus quis in iudicio sistat.

D. 2. 11. 0. Si quis cautionibus in iudicio sistendi causa factis non obtemperaverit.

D. 2. 12. 0. De feriis et dilationibus et
diversis temporibus.

D. 2. 13. 0. De edendo.

D. 2. 14. 0. De pactis.

D. 2. 15.0. De transactionibus.

12. 关于不听讼日、延期审理和各种
期间

13. 关于公告

14. 关于简约

15. 关于和解

Liber III

D. 3. 1. 0. De postulando.

D. 3. 2. 0. De his qui notantur infamia.

D. 3. 3. 0. De procuratoribus et defen-
soribus.

D. 3. 4. 0. Quod cuiuscumque univers-
itatis nomine vel contra eam agatur.

D. 3. 5. 0. De negotiis gestis.

D. 3. 6. 0. De calumniatoribus.

第三卷

1. 诉请

2. 被宣告为破廉耻者

3. 代理人和辩护人

4. 以团体名义提起的或针对团体提
起的诉讼

5. 他人事务之管理

6. 诬告者

Liber IV

D. 4. 1. 0. De in integrum restitutionibus.

D. 4. 2. 0. Quod metus causa gestum erit.

D. 4. 3. 0. De dolo malo.

D. 4. 4. 0. De minoribus viginti quinque
annis.

D. 4. 5. 0. De capite minutis.

D. 4. 6. 0. Ex quibus causis maiores
viginti quinque annis in integrum

第四卷

1. 全部恢复原状

2. 因胁迫所做的事情

3. 恶意诈欺

4. 25 岁以下的未成年人

5. 人格减等

6. 在何种情况下已满 25 岁的成年
人可获得完全的恢复原状

restituuntur.

D. 4. 7. 0. De alienatione iudicii mutandi causa facta.

D. 4. 8. 0. De receptis: qui arbitrium receperint ut sententiam dicant.

D. 4. 9. 0. Nautae caupones stabularii ut recepta restituant.

Liber V

D. 5. 1. 0. De iudiciis: ubi quisque agere vel conveniri debeat.

D. 5. 2. 0. De inofficioso testamento.

D. 5. 3. 0. De hereditatis petitione.

D. 5. 4. 0. Si pars hereditatis petatur.

D. 5. 5. 0. De possessoria hereditatis petitione.

D. 5. 6. 0. De fideicommissaria hereditatis petitione.

Liber VI

D. 6. 1. 0. De rei vindicatione.

D. 6. 2. 0. De publiciana in rem actione.

D. 6. 3. 0. Si ager vectigalis, id est emphyteuticarius, petatur.

7. 为了改变审判的状况而做的出售[①]

8. 关于承保接受指定为宣告判决而做出仲裁者

9. 船舶、客店和马厩的经营人返还其承保之物的责任

第五卷

1. 关于审判：人们应该就遗产案件起诉或被诉的地点

2. 违反义务的遗嘱[②]

3. 请求遗产之诉

4. 如果请求部分遗产

5. 请求占有遗产之诉

6. 信托性的请求遗产之诉

第六卷

1. 原物返还之诉

2. 普布利奇安对物诉讼

3. 如果某人起诉要求税地即永佃地

---

① 指在诉讼开始时，一方将诉讼标的转让，从而改变诉讼当事人，使相对人的诉讼地位恶化的情况。

② "违反义务的遗嘱"通译作"背伦的遗嘱"。

Liber Ⅶ

D. 7. 1. 0. De usu fructu et quemadmodum quis utatur fruatur.

D. 7. 2. 0. De usu fructu adcrescendo.

D. 7. 3. 0. Quando dies usus fructus
legati cedat.

D. 7. 4. 0. Quibus modis usus fructus
vel usus amittitur.

D. 7. 5. 0. De usu fructu earum rerum,
quae usu consumuntur vel minuuntur.

D. 7. 6. 0. Si usus fructus petetur vel
ad alium pertinere negetur.

D. 7. 7. 0. De operis servorum

D. 7. 8. 0. De usu et habitatione.

D. 7. 9. 0. Usufructuarius quemadmodum caveat.

Liber Ⅷ

D. 8. 1. 0. De servitutibus.

D. 8. 2. 0. De servitutibus praediorum
urbanorum.

D. 8. 3. 0. De servitutibus praediorum
rusticorum.

D. 8. 4. 0. Communia praediorum tam
urbanorum quam rusticorum.

第七卷

1. 论用益权及实现使用和收益的方式
2. 用益权的增加 ①
3. 被遗赠的用益权的期限何时届满？
4. 以何种方式丧失用益权或使用权？
5. 对因使用而消耗或减少之物的用
益权
6. 用益权受到请求或否认及另一人
持有用益权
7. 奴隶的劳务 ②
8. 使用权和居住权
9. 用益权人以何种方式做出保证？

第八卷

1. 役权
2. 都市不动产役权
3. 乡村不动产役权
4. 乡村不动产与都市不动产的共同点
5. 如果役权被要求返还或就役权属
于他人发生争议
6. 以何种方式丧失役权？

---

① "用益权的增加"，指两人共有一用益权，由于一人死亡或丧失用益权，用益权
之整体归另一人的情况。

② 本节以对奴隶的用益权为内容。

D. 8. 5. 0. Si servitus vindicetur vel ad alium pertinere negetur.

D. 8. 6. 0. Quemadmodum servitutes amittuntur.

Liber IX

第九卷

D. 9. 1. 0. Si quadrupes pauperiem fecisse dicatur.

D. 9. 2. 0. Ad legem Aquiliam.

D. 9. 3. 0. De his, qui effuderint vel deiecerint.

D. 9. 4. 0. De noxalibus actionibus.

1. 如果有人主张四足动物致人损害
2.《阿奎流斯法》评注
3. 关于倒泼或抛掷者
4. 损害投偿之诉

Liber X

第十卷

D. 10. 1. 0. Finium regundorum.

D. 10. 2. 0. Familiae erciscundae.

D. 10. 3. 0. Communi dividundo.

D. 10. 4. 0. Ad exhibendum.

1. 调整地界之诉
2. 遗产分割之诉
3. 分割共有财产之诉
4. 出示之诉

Liber XI

第十一卷

D. 11. 1. 0. De interrogationibus in iure faciendis et interrogatoriis actionibus.

D. 11. 2. 0. De quibus rebus ad eundem iudicem eatur.

1. 在长官面前的询问以及询问之诉[①]
2. 何种事项可对同一法官起诉[②]？
3. 腐蚀奴隶
4. 逃奴
5. 赌博者[③]

---

① 本节涉及继承人对继承份额做出的咨询。

② 关于可进行共同诉讼的案件。

③ 本节内容涉及对抢劫赌场的处理。

---

① 即不当得利问题。

---

① 这是一种诉权，适用于经营特有产的奴隶的主人，如果主人从奴隶经营的特有产获得了利益，他在所得利益的范围内对奴隶所订契约承担责任。

② 奴隶受主人命令从事交易时主人所承担的责任。

Liber XVI

第十六卷

Liber XVII

第十七卷

Liber XVIII

第十八卷

---

① 　其内容是关于禁止妇女为他人作保证人的。

Liber XIX

D. 19. 1. 0. De actionibus empti venditi.

D. 19. 2. 0. Locati conducti.

D. 19. 3. 0. De aestimatoria.

D. 19. 4. 0. De rerum permutatione.

D. 19. 5. 0. De praescriptis verbis et in factum actionibus.

Liber XX

D. 20. 1. 0. De pignoribus et hypothecis et qualiter ea contrahantur et de pactis eorum.

D. 20. 2. 0. In quibus causis pignus vel hypotheca tacite contrahitur.

D. 20. 3. 0. Quae res pignori vel hypothecae datae olbigari non possunt.

D. 20. 4. 0. Qui potiores in pignore vel hypotheca habeantur et de his qui in priorum creditorum locum succedunt

D. 20. 5. 0. De distractione pignorum et hypothecarum.

D. 20. 6. 0. Quibus modis pignus vel hypotheca solvitur.

第十九卷

1. 买卖之诉

2. 租赁 ①

3. 估价之诉

4. 互易

5. 对待给付之诉及基于事实之诉 ②

第二十卷

1. 质押和抵押，它们如何设立？设立质押和抵押的简约

2. 在何种情况下默示地设立了质押或抵押？

3. 哪些物不能被合法地给付为质物或抵押物？

4. 对质物或抵押物享有优先权者，关于接替享有优先权的债权人之地位者

5. 质物或抵押物的出售

6. 以何种方式解除质押或抵押？

---

① 这里的租赁，除包括现代意义上的租赁外，还包括承揽、雇佣、运送三种现代不属于租赁的合同。

② 本节涉及基于无名合同的诉权。

Liber XXI

D. 21. 1. 0. De aedilicio edicto et red-
hibitione et quanti minoris.

D. 21. 2. 0. De evictionibus et duplae
stipulatione.

D. 21. 3. 0. De exceptione rei venditae
et traditae.

第二十一卷

1. 营造官告示 ①，退货之诉和减价
之诉

2. 追夺担保和双倍价金要式口约 ②

3. 物已出卖并交付的抗辩 ③

Liber XXII

D. 22. 1. 0. De usuris et fructibus et
causis et omnibus accessionibus et
mora.

D. 22. 2. 0. De nautico faenore.

D. 22. 3. 0. De probationibus et praes-
umptionibus.

D. 22. 4. 0. De fide instrumentorum et
amissione eorum.

D. 22. 5. 0. De testibus.

D. 22. 6. 0. De iuris et facti ignorantia.

第二十二卷

1. 利息、孳息、从物、所有的添附
和迟延

2. 海运借贷

3. 证据和推定

4. 书证的证明力和书证的灭失

5. 证人

6. 对法的不知和对事实的不知

Liber XXIII

D. 23. 1. 0. De sponsalibus.

D. 23. 2. 0. De ritu nuptiarum.

D. 23. 3. 0. De iure dotium.

第二十三卷

1. 订婚

2. 婚姻的仪式

3. 嫁资法

---

① 诉权的内容是关于隐瑕疵责任的。

② 诉权的内容是关于追夺担保或权利瑕疵担保的。

③ 这是关于阻止出卖标的物的原所有人追及现在占有该标的物的买受人的规定。

D. 23. 4. 0. De pactis dotalibus.　　4. 嫁资简约

D. 23. 5. 0. De fundo dotali.　　5. 嫁资田宅

Liber XXIV　　第二十四卷

D. 24. 1. 0. De donationibus inter virum et uxorem.

1. 夫妻间的赠与

2. 离婚和休妻

D. 24. 2. 0. De divortiis et repudiis.

D. 24. 3. 0. Soluto matrimonio dos quemadmodum petatur.

3. 在解除婚姻的情况下，以何种方式要求嫁资？

Liber XXV　　第二十五卷

D. 25. 1. 0. De impensis in res dotales factis.

1. 就嫁资财产发生的费用

2. 情人物之诉[①]

D. 25. 2. 0. De actione rerum amotarum.

D. 25. 3. 0. De agnoscendis et alendis liberis vel parentibus vel patronis vel libertis.

3. 对子女的认可和对尊亲、恩主和解放自由人的扶养

4. 怀孕的证实和对胎儿的监管

D. 25. 4. 0. De inspiciendo ventre custodiendoque partu.

5. 如果妇女以胎儿的名义被特准占有，而这一占有被主张已被以恶意诈欺转让给他人

D. 25. 5. 0. Si ventris nomine muliere in possessionem missa eadem possessio dolo malo ad alium translata esse dicatur

6. 如果妇女被主张因诡计获得了以胎儿名义的占有

7. 姘合

D. 25. 6. 0. Si mulier ventris nomine in possessione calumniae causa esse dicetur.

D. 25. 7. 0. De concubinis.

---

① 意为"藏匿婚后财产之诉"，指妻子在离婚前隐匿财产以便在离婚后带走，在丈夫发现后拒不交出的，丈夫可以提起此诉追回被隐匿的财产。

---

① 指担任监护人和保佐人之公职的义务的豁免。

附录一 优士丁尼《学说汇纂》总目录

Liber XXVIII

第二十八卷

① "指定人"，指确认监护人的官吏。

Liber XXIX

第二十九卷

---

① "不当的遗嘱"，指遗漏了子女的遗嘱；"变得落空的遗嘱"，指无人接受遗产的
遗嘱。

② 指被指定的继承人被给予时间考虑是否接受遗产的权利。

③ 指被杀之主人的遗嘱不可由杀害他的人开启。

D. 29. 6. 0. Si quis aliquem testari pr-
　　ohibuerit vel coegerit.

D. 29. 7. 0. De iure codicillorum.

Liber XXX

第三十卷

D. 30. 0. De legatis et fideicommissis.

1. 遗赠和遗产信托

Liber XXXI

第三十一卷

D. 31. 0. De legatis et fideicommissis.

1. 遗赠和遗产信托

Liber XXXII

第三十二卷

D. 32. 0. De legatis et fideicommissis.

1. 遗赠和遗产信托

Liber XXXIII

第三十三卷

D. 33. 1. 0. De annuis legatis et fideico-
　　mmissis.

D. 33. 2. 0. De usu et de usu fructu et
　　reditu et habitatione et operis per
　　legatum vel fideicommissum datis.

D. 33. 3. 0. De servitute legata.

D. 33. 4. 0. De dote praelegata.

D. 33. 5. 0. De optione vel electione legata.

D. 33. 6. 0. De tritico vino vel oleo legato.

D. 33. 7. 0. De instructo vel instrumento
　　legato.

D. 33. 8. 0. De peculio legato.

D. 33. 9. 0. De penu legata.

1. 按年给付的遗赠与信托遗产
2. 使用权、用益权、收入、居住权
　 和以遗赠或遗产信托给予的劳务
3. 遗赠役权
4. 嫁资的先行遗赠
5. 选择权或选择的遗赠
6. 遗赠称量物、酒或油
7. 遗赠配备了一切生产要素和生活
　 资料的农场或只配备了生产要素
　 的农场
8. 遗赠特有产
9. 遗赠给养 ①

---

①　指遗赠的标的物是供吃喝的食品的情况。

[①] 根据费安玲在《婚姻·家庭和遗产继承》(中国政法大学出版社 2001 年版) 中提供的译文, 该规则的内容为: "如果遗嘱人所立的遗嘱附有一个因遗嘱人的死亡而导致无效的遗赠, 即使以后无效的原因终止, 该遗赠依然无效。"

[②] "被视为未写的遗嘱内容", 例如, 指定自己为继承人或受遗赠人的遗嘱内容, 由于违反了事理之性质, 被视为未写。

---

① 指申请违反遗嘱占有遗产,不得违反遗嘱中关于遗赠的规定。

---

① 指处在权力下的子女与被解放的子女间的财产合算。

② 这一告示的内容涉及未成年的、其子女身份有争议的子女对遗产的占有。

③ 这一节为优士丁尼《学说汇纂》的总目录所无，但该书的正文中有这一小节。根据蒙森的校勘本，这一节在编订目录时被遗漏了。优士丁尼编订《学说汇纂》的速度诚然很快，但快中出错，常常发生这样或那样的遗漏。

④ 指移转对解放自由人的恩主权。

Liber XXXIX

第三十九卷

D. 39. 6. 0. De mortis causa donationibus et capionibus.

Liber XL

第四十卷

D. 40. 1. 0. De manumissionibus.

D. 40. 2. 0. De manumissis vindicta.

D. 40. 3. 0. De manumissionibus quae
servis ad universitatem pertinen-
tibus imponuntur.

D. 40. 4. 0. De manumissis testamento.

D. 40. 5. 0. De fideicommissariis libertatibus.

D. 40. 6. 0. De ademptione libertatis.

D. 40. 7. 0. De statuliberis.

D. 40. 8. 0. Qui sine manumissione ad
libertatem perveniunt.

D. 40. 9. 0. Qui et a quibus manumissi
liberi non fiunt et ad legem Aeliam
Sentiam.

D. 40. 10. 0. De iure aureorum anulorum.

D. 40. 11. 0. De natalibus restituendis.

D. 40. 12. 0. De liberali causa.

D. 40. 13. 0. Quibus ad libertatem pr-

1. 解放

2. 执杖解放

3. 对属于团体的奴隶实施的解放

4. 遗嘱解放

5. 以信托授予的自由权

6. 剥夺自由权

7. 自由人奴隶

8. 不经解放而获得自由权的人 ①

9. 对什么人实施的，由什么人实施
的解放不发生自由权，《艾流斯
和森求斯法》评注

10. 金指环权 ②

11. 出身的恢复原状 ③

12. 自由权的原因 ④

13. 不许要求自由权的人 ⑤

14. 如果某人被宣告是生来自由人

15. 不得对已死 5 年者的身份进行
调查

---

① 指通过强制兑现解放之允诺获得自由的奴隶。

② 指由皇帝授予的、解放自由人被作为生来自由人对待的权利。

③ 指确认出生时是自由人，后来当过奴隶，又被解放的人为生来自由人。

④ 这是限制某些人实施解放的规定。

⑤ 这些人是出卖自身为奴者。

oclamare non licet.

D. 40. 14. 0. Si ingenuus esse dicetur.

D. 40. 15. 0. Ne de statu defunctorum post quinquennium quaeratur.

D. 40. 16. 0. De collusione detegenda.

16. 揭穿通谋 ①

Liber XLI

第四十一卷

D. 41. 1. 0. De adquirendo rerum dominio.

D. 41. 2. 0. De adquirenda vel amittenda possessione.

D. 41. 3. 0. De usurpationibus et usucapionibus.

D. 41. 4. 0. Pro emptore.

D. 41. 5. 0. Pro herede vel pro possessore.

D. 41. 6. 0. Pro donato.

D. 41. 7. 0. Pro derelicto.

D. 41. 8. 0. Pro legato.

D. 41. 9. 0. Pro dote.

D. 41. 10. 0. Pro suo.

1. 物之所有权的取得
2. 占有的取得或丧失
3. 侵占与时效取得
4. 作为买受人的时效取得
5. 作为继承人或作为占有人的时效取得
6. 因赠与的时效取得
7. 对被抛弃物的时效取得
8. 因遗赠的时效取得
9. 因嫁资的时效取得
10. 作为自己之物的时效取得

Liber XLII

第四十二卷

D. 42. 1. 0. De re iudicata et de effectu sententiarum et de interlocutionibus.

1. 既判力、判决的效力、异议
2. 自认
3. 财产的让与 ②

---

① 指主人与所爱的奴隶通谋，允许后者主张自己是生来自由人，从而获得这种身份的通谋。

② 指在自愿破产的情况下，债务人把全部财产委弃于其债权人。

Liber XLIII

第四十三卷

---

① 指破产情况下的财产区分。

② 即死者遗产的管理人。

③ 指遗产管理人对诈害债权人之行为所享有的撤销权。

④ 关于保护公共场所的承租人及其合伙人的规定。

⑤ 这一节在优士丁尼的总目录中被遗漏，但在《学说汇纂》的正文中有此节，全文为古希腊文。

---

① 　关于房东不得为担保房租的缴纳而阻止房客搬出他居的规定。

② 　这一令状是关于乡村不动产租赁合同的，裁判官把它授予给出租人，只要承租人未偿付租金，允许出租人占有由承租人带进租赁地的物品。

D. 43. 25. 0. De remissionibus.

D. 43. 26. 0. De precario.

D. 43. 27. 0. De arboribus caedendis.

D. 43. 28. 0. De glande legenda.

D. 43. 29. 0. De homine libero exhibendo.

D. 43. 30. 0. De liberis exhibendis, item ducendis.

D. 43. 31. 0. Utrubi.

D. 43. 32. 0. De migrando.

D. 43. 33. 0. De Salviano interdicto.

Liber XLIV

D. 44. 1. 0. De exceptionibus praescriptionibus et praeiudiciis.

D. 44. 2. 0. De exceptione rei iudicatae.

D. 44. 3. 0. De diversis temporalibus praescriptionibus et de accessionibus possessionum.

D. 44. 4. 0. De doli mali et metus exceptione.

D. 44. 5. 0. Quarum rerum actio non datur.

D. 44. 6. 0. De litigiosis.

D. 44. 7. 0. De obligationibus et actionibus.

Liber XLV

D. 45. 1. 0. De verborum obligationibus.

D. 45. 2. 0. De duobus reis constituendis.

第四十四卷

1. 抗辩、消灭时效和先决诉讼

2. 既判力之抗辩

3. 各种消灭时效期间，关于占有的相加

4. 恶意诈欺的抗辩和胁迫的抗辩

5. 不授予诉权的案件

6. 系讼物

7. 债和诉权

第四十五卷

1. 口头之债

2. 多数人之债

---

① 　"替代"，指当事人的变更。

② 　指用偷来的材料在自己的房屋或葡萄园中架设的梁木或葡萄架。

Liber XLVIII

第四十八卷

附录一 优士丁尼《学说汇纂》总目录

---

① 指取走或截留用于圣事或宗教目的的金钱，或奉献给神的物的人的行为。

② 指为特定目的占有委托给他的公款的人，没有为该目的用完这一公款的贪污行为。

③ 指在长官的选任过程中的舞弊行为。在帝政时代，由于罗马的长官由皇帝任命而不是根据人民的选举任命，这一法律已经不适用于罗马，但适用于自治市。如果有人违反这一法律，以不正当的手段谋求自治市的长官职位，他将被判处100金币的罚金和破廉耻，并恢复原先的身份。在诉讼期间，原告或被告进入法官的家屋的，也按这一法律承担责任。

④ 指在明知的情况下购买自由人为奴隶的行为。

⑤ 这一元老院决议的内容是关于原告在诉讼中的轻率行为的。

Liber XLIX

第四十九卷

---

① 例如，对皇帝所做的判决，不得上诉。

② 这一小节在总目录中被遗漏，根据《学说汇纂》的正文增补。

ndis vel non.

D. 49. 6. 0. De libellis dimissoriis, qui apostoli dicuntur.

D. 49. 7. 0. Nihil innovari appellatione interposita.

D. 49. 8. 0. Quae sententiae sine appellatione rescindantur.

D. 49. 9. 0. An per alium causae appellationum reddi possunt.

D. 49. 10. 0. Si tutor vel curator magistratusve creatus appellaverit.

D. 49. 11. 0. Eum qui appellaverit in provincia defendi.

D. 49. 12. 0. Apud eum, a quo appellatur, aliam causam agere compellendum.

D. 49. 13. 0. Si pendente appellatione mors intervenerit.

D. 49. 14. 0. De iure fisci.

D. 49. 15. 0. De captivis et de postliminio et redemptis ab hostibus.

D. 49. 16. 0. De re militari.

7. 在上诉系属期间，不得有任何新的诉讼行为

8. 不经上诉被撤销的判决[1]

9. 可否通过他人提起上诉

10. 如果监护人、保佐人及其设立的长官上诉[2]

11. 让诉人有权在自己的行省为自己辩护[3]

12. 受理上诉的机关有权起诉的其他案件

13. 如果在上诉未决期间发生死亡

14. 皇库的权利

15. 被俘者和复境权以及从敌人赎回的人

16. 军法[4]

17. 军营特有产

18. 老兵

---

[1] 指由于程序错误而撤销判决的情况，例如，如果有人问是否已做出判决？受任法官答曰未做出，尽管判决实际上已经做出了，该判决仍被撤销。又如判决发生计算错误的，要导致被撤销。

[2] 监护人、保佐人和长官都是担任公职的人，他们的上诉具有特殊性。如果他们上诉而不证明上诉理由，明知这样做可能给国家带来损害，在这种情况下，总督或元首要评定由此可能造成的损害才受理上诉。

[3] 到外省上诉的人，对他在自己行省中的其他案件，他有权在该行省为自己辩护。

[4] 直译为"军人的事务"。

D. 49. 17. 0. De castrensi peculio.

D. 49. 18. 0. De veteranis.

Liber L　　第五十卷

① 指定居在内国的外国人，他们要同时服从其内国和定居国的长官，并履行两个地方的公役。

② 这一节是关于总督召唤擅自离开其所在地、迁居他处的市元老履行公役的。

③ 市元老必须被记录在一份清单中，此所谓"登记名册"。

④ 指自治市派往其他城市的使者。

⑤ 指医生等行业的同业公会的自治章程。

⑥ 罗马历法以 8 天为一周，第 9 天举行集市。

⑦ 指医生、教师等自由职业者的工资案件。

⑧ 如果直译，括号里的词是"中间人"的意思。

附录一 优士丁尼《学说汇纂》总目录

iis cognitionibus et si iudex litem suam fecisse dicetur.

D. 50. 14. 0. De proxeneticis.

D. 50. 15. 0. De censibus.

D. 50. 16. 0. De verborum significatione.

D. 50. 17. 0. De diversis regulis iuris antiqui.

15. 国势调查 [①]

16. 词语的意思

17. 古法的各种规则

---

① 本节的内容涉及在有意大利权的城市进行的人口和财产普查。

附录二

《学说汇纂》所引用的古代作者及作品目录①

I. Iulianus

    1. *Digesta*, LXXXX libri

    2. *Ad Minicium*, Ⅵ libri

    3. *Ad Urseium*, Ⅳ Libri

    4. *De ambiguitatibus*, libro singulari

Ⅱ. Papinianus

    1. *Questiones*, XXXⅦ libri

    2. *Responson*, ⅩⅧⅢ libri

    3. *Definiton*, Ⅱ libri

    4. *De adulteriis*, Ⅱ libri

    5. *De adulteriis*, libro singulari

    6. *De cura civitatum*, libro singulari

Ⅲ. Quintus Mucius Scaevola

    1. *Definiton*, libro singulari

Ⅳ. Alfenus

    1. *Digesta*, XL libri

一、尤里安

    1.《学说汇纂》90 卷

    2.《米尼丘斯评注》6 卷

    3.《乌尔塞·费罗克斯评注》4 卷

    4.《论双关的表达》单卷本

二、帕比尼安

    1.《问题集》37 卷

    2.《解答集》19 卷

    3.《定义集》2 卷

    4.《论通奸》2 卷

    5.《论通奸》单卷本

    6.《论城市的管理》单卷本

三、昆图斯·穆丘斯·谢沃拉

    1.《定义集》单卷本

四、阿尔芬努斯

    1.《学说汇纂》40 卷

---

① 在优士丁尼《学说汇纂》的开端部分，有一个 "本书引用的古代作者及作品目录"，兹将这一目录译出，以便读者了解《学说汇纂》利用古代文献的情况以及罗马法学家的著述情况。要注意的是，这一目录并非完整。由于编订《学说汇纂》的过程很匆忙，有一些被引用的著作并没有出现在这一目录中。此外，在这一目录中，许多作者的名字和作品名都是用的古希腊文；所有标明卷数的文字，也都是用的古希腊文。这些情况不在具体作者和作品的名目下另行说明。

附录二　《学说汇纂》所引用的古代作者及作品目录

V. Sabinus

　　1. *Iuris civilion*, Ⅲ libri

Ⅵ. Proculus

　　1. *Epistolae*, Ⅷ libri

Ⅶ. Labeo

　　1. Πιθανόν, Ⅷ libri

　　2. *Posteriorum*, X libri

Ⅷ. Neratius

　　1. *Regularion*, XV libri

　　2. Μεμβράνων, Ⅶ libri

　　3. *Responson*, Ⅲ libri

Ⅸ. Iavolenus

　　1. *Ex Cassio*, XV libri

　　2. *Epistolon*, XⅣ libri

　　3. *Ad Plautium*, V libri

X. Celsus

　　1. *Digeston*, XXXⅨ libri

Ⅺ. Pomponius

　　1. *Ad Quintum Mucium lectionum*,
　　　XXXⅨ libri

　　2. *Ad Sabinum*, XXXV libri

　　3. Επιστολών, XX libri

　　4. *Variorum lectionum*, XV libri

　　5. *Ad Plautium*, Ⅶ libri

　　6. *Fideicommisson*, V libri

　　7. *Senatus consultum*, V libri

　　8. *Regularion*, libro singulari

五、萨宾

　　1.《市民法》3 卷

六、普罗库鲁斯

　　1.《书信集》8 卷

七、拉贝奥

　　1.《论点集》8 卷

　　2.《遗作》10 卷

八、内拉蒂

　　1.《规则集》15 卷

　　2.《羊皮纸文稿》7 卷

　　3.《解答集》3 卷

九、雅沃伦

　　1.《卡修斯著作摘录》15 卷

　　2.《书信集》14 卷

　　3.《普劳提评注》5 卷

十、杰尔苏

　　1.《学说汇纂》39 卷

十一、彭波尼

　　1.《对昆图斯·穆丘斯的课文的
　　　评注》39 卷

　　2.《萨宾评注》35 卷

　　3.《书信集》20 卷

　　4.《各种课文汇编》15 卷

　　5.《普劳提评注》7 卷

　　6.《遗产信托》5 卷

　　7.《元老院决议》5 卷

　　8.《规则集》单卷本

9. *Εγχειριδίου*, II libri

XII. Valence

  1. *Fideicommesson*, VII libri

XIII. Maecianus

  1. *Fideicommesson*, XVI libri

  2. *Publicon*, XIV libri

XIV Mauricianus

  1. *Ad leges*, VI libri

XV. Terentius Clemens

  1. *Ad leges*, XX libri

XVI. Africanus

  1. *Quaestionon*, IX libri

XVII. Marcellus

  1. *Digeston*, XXXI libri

  2. *Ad leges*, VI libri

  3. *Responson*, libro singulari

XVIII. Cervidius Scaevola

  1. *Digeston*, XL libri

  2. *Quaestionon*, XX libri

  3. *Responson* VI libri

  4. *Regularion*, IV libri

  5. *De quaestione familiae*, libro singulari

  6. *Quaestionum publice tractatarum*, libro singulari

9.《教本》2 卷 ①

十二、瓦伦斯

  1.《遗产信托》7 卷

十三、梅西安

  1.《遗产信托》16 卷

  2.《公诉》14 卷

十四、毛里奇安努斯

  1.《法律评注》6 卷

十五、特伦求斯·克莱蒙斯

  1.《法律评注》20 卷

十六、阿富里坎

  1.《问题集》9 卷

十七、马尔切勒

  1.《学说汇纂》31 卷

  2.《法律评注》6 卷

  3.《解答集》单卷本

十八、切尔维丢斯·谢沃拉

  1.《学说汇纂》40 卷

  2.《问题集》20 卷

  3.《解答集》6 卷

  4.《规则集》4 卷

  5.《论对家奴的审讯》单卷本

  6.《公开审讯研究》单卷本

① 这是一部非常有名的教科书，黄风将书名译作《手册》。它介绍了罗马法学家的沿革史，为后世学者频繁引用，是研究罗马法学史的重要文献，主要内容被综述在《学说汇纂》第 1 卷第 2 节中。此书有单卷本和两卷本两个版本。

附录二 《学说汇纂》所引用的古代作者及作品目录

XIX. Fiorentinus
1. *Instituton*, XII libri

XX. Gaius
1. *Ad edictum provinciale*, XXXII libri

2. *Ad leges*, XV libri

3. *Ad edictum urbicum*, tantum X libros invenerunt
4. *Aureon*, VII libri
5. *Δυοδεκαδέλτου*, VI libri
6. *Institution*, IV libri
7. *De verborum obligationibus*, III libri
8. *De manumissionibus*, III libri
9. *Fideicommesson*, II libri
10. *De casibus*, libro singulari
11. *Regularion*, libro singulari
12. *Dotalicion*, libro singulari
13. *Υποθηκαρίας*, libro singulari

XXI. Venuleius
1. *Stipulationon*, XIX libri
2. *Actionon*, X libri
3. *De officio proconsulis*, IV libri
4. *De poenis paganorum*, libro singulari
5. *Publicon*, III libri
6. *De interdectis*, VI libri

XXII. Tertullianus
1. *Quaestionon*, VIII libri
2. *De castrensi peculio*, libro singulari

十九、弗罗伦丁
1.《法学阶梯》12 卷

二十、盖尤斯
1.《行省告示评注》32 卷

2.《优流斯及帕皮尤斯法等法律评注》15 卷

3.《内事裁判官告示评注》仅存10 卷

4.《金言集》7 卷
5.《十二表法评注》6 卷
6.《法学阶梯》4 卷
7.《论口头债务》3 卷
8.《论解放》3 卷
9.《遗产信托》2 卷
10.《论意外事件》单卷本
11.《规则集》单卷本
12.《嫁资论集》单卷本
13.《抵押》单卷本

二十一、魏努勒尤斯·萨杜尔尼努斯
1.《要式口约》19 卷
2.《诉权》10 卷
3.《论行省执政官的义务》4 卷
4.《论对平民的刑罚》单卷本

5.《公诉》3 卷
6.《论令状》6 卷

二十二、德尔图良
1.《问题集》8 卷
2.《论军营特有产》单卷本

附录二 《学说汇纂》所引用的古代作者及作品目录

XXIII. Iustus

1. *Constitutionon*, XX libri

XXIV Ulpianus

1. *Ad edictum*, LXXXIII libri

2. *Ad Sabinum*, LI libri

3. *Ad leges*, XX libri

4. *Disputationon*, X libri

5. *Protribonalion*, X libri

6. *De officio del proconsulis*, X libri

7. *Pandecton*, X libri

8. *Regularion*, VII libri

9. *Fideicommisson*, VI libri

10. *Opinionon*, VI libri

11. *De adulteriis*, V libri

12. *De appellationibus*, IV libri

13. *De officio consulis*, III libri

14. *Instituton*, II libri

15. *Regularion*, libro singulari

16. *De censibus*, VI libri

17. *Responson*, II libri

De item Ulpiano, libro singulari

18. *De sponsalibus*

19. *De officio praefecti Urbi*

20. *De officio praefecti vigilum*

二十三、尤斯图斯

1.《敕令》20 卷

二十四、乌尔比安

1.《告示评注》83 卷

2.《萨宾评注》51 卷

3.《法律评注》①20 卷

4.《论断集》10 卷

5.《论各种法院》10 卷

6.《论行省执政官的义务》10 卷

7.《潘得克吞》10 卷

8.《规则集》7 卷

9.《遗产信托》6 卷

10.《意见集》6 卷

11.《论通奸》5 卷

12.《论上诉》4 卷

13.《论执政官的义务》3 卷

14.《法学阶梯》2 卷

15.《规则集》单卷本

16.《论国势调查》6 卷

17.《解答集》2 卷

同一个乌尔比安的以下作品皆为单卷本

18.《论订婚》

19.《论市长官的义务》

20、《论消防长官的义务》

---

① 根据安托钮·瓜里诺（Antonio Guarino）的考订，《法律评注》应为《优利亚及帕皮尤斯法评注》。参见: Antonio Guarino, L'Esegesi delle Fonti del Diritto Romano, Jovene, Napoli, 1982。

附录二 《学说汇纂》所引用的古代作者及作品目录

21. *De officio curatoris rei publicae*

22. *De officio praetoris tutelaris*

23. *De officio quaestoris*

XXV. Paulus

  1. *Ad edictum*, LXXX

  2. *Questionum*, XXVI libri

  3. *Responsarum*, XXIII libri

  4. *Brevium(brevis edicti)*, XXIII libri

  5. *Ad Plautium*, XVIII libri

  6. *Ad Sabinum*, XVI libri

  7. *Ad leges*, X libri

  8. *Regularum*, VII libri

  9. *Regularum*, libro singulari

  10. *Sention*, VI libri

  11. *Responsarum*, V libri

  12. *Ad Vitellium*, IV libri

  13. *Ad Neratium*, IV libri

  14. *Fideicommesson*, III libri

  15. *Decreton*, III libri

  16. *De adulteriis*, III libri

  17. *Manualium*, III libri

  18. *Instituton*, II libri

  19. *De officio proconsulis*, II libri

  20. *Ad legem Iuliam*, II libri

  21. *Ad legem Aeliam Sentiam*, III libri

  22. *De iure fisci*, II libri

21.《论国家财产保佐人的义务》

22.《论监护裁判官的义务》

23.《论财务官的义务》

二十五、保罗

1.《告示评注》80 卷

2.《问题集》26 卷

3.《解答集》23 卷

4.《短论》①23 卷

5.《普劳提评注》18 卷

6.《萨宾评注》16 卷

7.《法律评注》10 卷

8.《规则集》7 卷

9.《规则集》单卷本

10.《论点集》6 卷

11.《解答集》5 卷

12.《维特流斯评注》4 卷

13.《内拉蒂评注》4 卷

14.《遗产信托》3 卷

15.《主要论点集》3 卷

16.《论通奸》3 卷

17.《教科书》3 卷

18.《法学阶梯》2 卷

19.《论行省执政官的义务》2 卷

20.《优流斯法评注》2 卷

21.《艾流斯和森求斯法评注》3 卷

22.《论皇库的权利》2 卷

---

① 根据安托钮·瓜里诺的考订，这本书是对告示的简写。参见: Antonio Guarino, L'Esegesi delle Fonti del Diritto Romano, Jovene, Napoli, 1982。

23. *Regularum*, libro singulari   23.《规则集》单卷本

24. *De censibus*, II libri   24.《论国势调查》2 卷

De item Paolo, libri singulari   同一个保罗的以下作品皆为单卷本

25. *De poenis paganorum*   25.《论对平民的刑罚》

26. *De poenis militum*   26.《论对军人的刑罚》

27. *De poenis omnium legum*   27.《论所有的法律规定的刑罚》

28. *De usuris*   28.《论利息》

29. *De gradibus et sulla adfinibus*   29.《论亲等和姻亲》

30. *De iure codicillorum*   30.《论小遗嘱法》

31. *De excusationibus tutelarum*   31.《论监护的豁免》

32. *Ad regulam Catonianam*   32.《伽图规则评注》

33. *Ad senatus consultum Orfitianum*   33.《奥尔菲图斯元老院决议评注》

34. *Ad senatus consultum Tertullianum*   34.《特尔图鲁斯元老院决议评注》

35. *Ad senatus consultum Silanianum*   35.《斯拉努斯元老院决议评注》

36. *Ad senatus consultum Velleianum*   36.《韦勒乌斯元老院决议评注》

37. *Ad senatus consultum Libonianum seu Claudianum*   37.《里波或克劳丢斯元老院决议评注》

38. *De officio praefecti vigilum*   38.《论消防长官的义务》

39. *De officio praefecti Urbi*   39.《论市长官的义务》

40. *De officio praetoris tutelaris*   40.《论监护裁判官的义务》

41. *De extraordinariis criminibus*   41.《论非常程序中的犯罪》

42. *Hypotecaria*   42.《抵押》

43. *Ad municipalem*   43.《自治市民》

44. *De publicis iudiciis*   44.《论公诉》

45. *De inofficioso testamento*   45.《论违反义务的遗嘱》

46. *De iudiciis septempvirilibus*

47. *De iure singulari*

48. *De secundis tabulis*

49. *Ad orationem divi Severi*

50. *Ad orationem divi Marci*

51. *Ad legem Velleam*

52. *Ad legem Cinciam*

53. *Ad legem Falcidiam*

54. *De tacito fideicommisso*

55. *De portionibus quae liberis damnatorum conceduntur*

56. *De iuris et facti ignorantia*

57. *De adulteriis*

58. *De instructo et instrumento*

59. *De appellationibus*

60. *De iure libellorum*

61. *De testamentis*

62. *De iure patronatus*

63. *De iure patronatus quod ex lege Iiulia e Papia venit*

46.《论七人法院》①

47.《论特别法》

48.《论第二遗嘱》

49.《神君塞维鲁斯的演说②评注》

50.《神君马尔库斯的演说评注》

51.《韦勒乌斯法评注》

52.《琴求斯法评注》

53.《法尔其丢斯法评注》

54.《论默示的遗产信托》

55.《论允许被判刑者给子女的遗产份额》

56.《论对法律和对事实的不知》

57.《论通奸》

58.《论遗赠配备了一切生产要素和生活资料的农场或只配备了生产资料的农场》

59.《论上诉》

60.《论关于诉状的法律》

61.《论遗嘱》

62.《论恩主权》

63.《论优流斯及帕皮尤斯法赋予的恩主权》

---

① 蒙森的《学说汇纂》校勘本建议将此书的名字改为《论百人法院》。参见：*The Digest of Justinian*, Volume 1, edited by Mommsen and Alan Watson, University of Pennsylvania Press, Philadelphia, 1985, p. LXVII。

② "演说"是皇帝敕令的早期形式，在皇帝敕令成为独立的法律渊源之前，皇帝立法必须通过元老院，法案由皇帝在元老院发表演说的方式提出，当然，元老院此时不过是橡皮图章而已。当皇帝权力进一步扩张后，皇帝就抛开元老院独立制定敕令了。

64. *De actionibus*

65. *De concurrentibus actionibus*

66. *De intercessionibus feminarum*

67. *De donationibus inter virum et uxorum*

68. *De legibus*

69. *De senatus consultis*

70. *De legittimis hereditatibus*

71. *De libertibus dandis*

XXVI. Tryphoninus

  1. *Disputationum*, XXI libri

XXVII. Callistratus

  1. *De cognitionibus*, VI libri

  2. *Ad edictum monitorium*, VI libri

  3. *De iure fisci*, IV libri

  4. *Istitutionum*, III libri

  5. *Questionum*, II libri

XXVIII. Menander

  1. *De re militari*, IV libri

XXIX. Marcianus

  1. *Institutionum*, XVI libri

  2. *Regularum*, V libri

  3. *De appellationsbus*, II libri

  4. *De iudiciis pubblicis*, II libri

De item Marciano, libri sigulari

  5. *De delatoribus*

  6. *Ad Formulam hipothecariam*

  7. *Ad SC. Turpillianum*

64.《论诉权》

65.《论诉权竟合》

66.《论妇女的保证》

67.《论夫妻间的赠与》

68.《论法律》

69.《论元老院决议》

70、《论法定继承》

71.《论给予自由权》

二十六、特里芬尼努斯

  1.《论断集》21 卷

二十七、伽里斯特拉杜斯

  1.《论审理》6 卷

  2.《教师使用的告示》6 卷

  3.《论皇库的权利》4 卷

  4.《法学阶梯》3 卷

  5.《问题集》2 卷

二十八、梅南德尔

  1.《军法集》4 卷

二十九、马尔西安

  1.《法学阶梯》16 卷

  2.《规则集》5 卷

  3.《论上诉》2 卷

  4.《公诉》2 卷

同一个马尔西安的以下作品皆为单卷本

  5.《论的检举人》

  6.《抵押诉讼的程式》

  7.《图尔皮流斯元老院决议评注》

附录二　《学说汇纂》所引用的古代作者及作品目录

XXX. Gallus Aquilius
　　1. *Responsorum*

XXXI. Modestinus
　　1. *Responsorum*, XIX libri
　　2. *Pandectarum*, XII libri
　　3. *Regularum*, X libri
　　4. *Differentiarum*, IX libri
　　5. *De excusationibus*, VI libri
　　6. *De paenis*, IV libri

　　De item Modestino, libri sigulari
　　7. *De praescriptionibus*
　　8. *De inofficioso testamento*
　　9. *De manumissionibus*
　　10. *De legatis et fideicommissis*
　　11. *De testamentibus*
　　12. *De heuremanticis*
　　13. *De enucleatiis casibus*
　　14. *De differentia dotis*
　　15. *De ritu nuptiarum*

XXXII. Tarruntenus Paternus
　　1. *De re militari,* 4 Libri

XXXIII. Macer
　　1. *De re militari,* 2 Libri
　　2. *De Iudiciis pubblicis*, 2 libri
　　3. *De officio praesides*, 2 libri
　　4. *Ad legem vicensimam heredita-*

三十、加鲁斯·阿奎流斯
　　1.《解答集》①

三十一、莫德斯丁
　　1.《解答集》19卷
　　2.《潘得克吞》12卷
　　3.《规则集》10卷
　　4.《区别集》9卷
　　5.《监护的豁免》6卷
　　6.《论刑罚》4卷

　　同一个莫德斯丁的以下作品皆为单卷本
　　7.《论诉讼时效》
　　8.《论违反义务的遗嘱》
　　9.《论解放》
　　10.《论遗赠和遗产信托》
　　11.《论遗嘱》
　　12.《关于起草文件的忠告》
　　13.《论清楚的案件》
　　14.《论嫁资的区分》
　　15.《论结婚仪式》

三十二、塔伦德鲁斯·巴德尔努斯
　　1.《军法集》4卷

三十三、马切尔
　　1.《军法论集》2卷
　　2.《公诉》2卷
　　3.《论总督的义务》2卷
　　4.《1/20的遗产税》2卷

---

①　此书无卷数说明。

tium, 2 libri

5. *De appellationibus,* 2 libri

XXXIV. Arcadius

  1. *De testibus*, libro singulari

  2. *De officio praefecti praetorio,* libro singulari

  3. *De muneribus civilus*, libro singulari

XXXV. Rufinus

  1. *Regularum*, 12 libri

XXXVI. Anthus seu Furius Antianus

  1. A*d edictum*, 5 libri

XXXVII. Maximus

  1. *Ad legem Falcidiam*

XXXVIII. Hermogenianus

  1. *Iuris epitomarum*, 6 libri

Habent versuum plena milia tricies centena

5.《论上诉》2 卷

三十四、阿尔卡丢斯

  1.《论证人》单卷本

  2.《论大区长官的义务》单卷本

  3.《论市民的公役》单卷本

三十五、路菲努斯

  1.《规则集》12 卷

三十六、安图斯或福流斯·安提亚努斯

  1.《部分告示评注》5 卷

三十七、鲁提流斯·马克西姆斯

  1.《法尔其丢斯法评注》①

三十八、赫尔摩格尼

  1.《法的摘要》6 卷

这些书籍包含了整整 3 000 000 行。

---

① 此书无卷数说明。根据安托钮·瓜里诺的考订，是单卷本。

附录三

未被《学说汇纂》引用的古代作者及作品目录①

I. Aelius Gallus
    1. *De verborum quae ad ius civile pertinent significatione*

II. Aelius Paetus Catus
    1. *Tripertita*

III. Afiricanus
    1. *Epistularum* libri

IV. Varus Alfenus
    1. *Coniectaneorum*
    2. *Digestorum ab anonymo epitomatorum* libri
    3. *Digestorum a Paulo epitomatorum* libri

一、埃流斯·加鲁斯
    1.《论与市民法相关的词语的意思》

二、埃流斯·佩都斯·卡图斯
    1.《三分》

三、阿富里坎
    1.《书信集》

四、瓦鲁斯·阿尔芬努斯
    1.《杂录》②
    2.《学说汇纂·由无名氏所做的摘录》
    3.《学说汇纂·由保罗所做的摘录》

---

① 在意大利学者安托钮·瓜里诺的《罗马法原始文献解析》(*L'Esegesi delle fonti del diritto romano*)(Napoli, 1982, pp. 265ss)中,有一个'法学家及其作品目录',其中收录了许多未被《学说汇纂》引用的作者和作品,我在剔除与附录一重复的部分后,将这一目录译出,以便读者全面了解古罗马法学家和法学著作的情况。在这一目录中,凡未注明卷数的作品,要么是多卷本;要么卷数不详。

① 有人认为此书是奥菲丢斯·纳穆萨(Aufidius Namusa)的著作汇编。

附录三　未被《学说汇纂》引用的古代作者及作品目录

V. Arcadius Charisius
1. *De officio praefecti praetorio, libro singulari*

五、阿尔卡丢斯·卡里修斯
1.《论大区长官的义务》单卷本

VI. Aristo
1. *Decreta frontiana*
2. *Digestorum* libri

六、阿里斯托
1.《建议执政官采用的主要法律观点》
2.《学说汇纂》

VII. Arrianus
1. *De interdictis* libri

七、阿里亚努斯
1.《论令状》

VIII. Brutus
1. *De iure civili*, libri III

八、布鲁图斯
1.《论市民法》3 卷

IX. Caecilius Sabinus
1. *Ad edictum aedilium curulium*

九、切齐流斯·萨宾
1.《营造官告示评注》

X. Cassius Longinus
1. *Iuris civilis*, libri

十、卡修斯·伦基努斯
1.《市民法》

XI. Marcus Portius Cato
1. *Commentarii iurisi civilis*

十一、马尔库斯·波尔求斯·伽图
1.《市民法注释》

XII. Celsus（filius）
1. *Commentariorum*, libri
2. *Epistularum*, libri
3. *Quaestionum*, libri

十二、杰尔苏（儿子）①
1.《诉讼要点摘录》
2.《书信集》
3.《问题集》

XIII. Fufidius
1. *Quaestionum*, libri

十三、福菲丢斯
1. 问题集

XIV. Gaius
1. *Ad edictum praetoris Urbani*, libri
2. *Ad edictum aedilium curulium*, libri II

十四、盖尤斯
1.《内事裁判官告示评注》
2.《营造官告示评注》2 卷
3.《论抵押诉讼的方式》单卷本

---

① 古罗马有两个叫尤文求斯·杰尔苏的法学家，一个是父亲，一个是儿子，只有儿子的作品被《学说汇纂》引用。

附录三 未被《学说汇纂》引用的古代作者及作品目录

3. *De formula Hypothecaria,* libri singulari

4. *Ad legem Glitiam,* libri singulari

5. *Ex Quinto Mucio,* libri

6. *Regularum,* libri Ⅲ

7. *Ad senatus consultum Orfitianum,* libro singulari

8. *Ad senatus consultum Tertullianum,* libro singulari

9. *De tacitis fideicommissis,* libro singulari

XV. Hermogenianus

  1. *Fideicommissorum,* libri

XVI. Iulianus

  1. *Ad edictum,* libri

XVII. Labeo

  1. *Ad XII tabulas,* libri

  2. *Ad edctum praetoris peregrine,* libri

  3. *Ad edctum praetoris urbani,* libri

  4. *Epistularum,* libri

  5. *Πιθανόν a Paulo epitomatorum,* libri Ⅷ

  6. *Responsorum,* libri

XVIII. Laelius Felix

  1. *Ad Q. Mucium,* libri

XIX. Maecianus

  1. *Quaestionum de fideicommissis,* libri XVI

  2. *De iudiciis publicis,* libri XIV

4.《格里求斯法评注》单卷本

5.《昆图斯·穆丘斯评注》

6.《规则集》3 卷

7.《奥尔菲图斯元老院决议评注》单卷本

8.《特尔图鲁斯元老院决议评注》单卷本

9.《论默示的遗产信托》单卷本

十五、赫尔摩格尼

  1.《遗产信托》

十六、尤里安

  1.《告示评注》

十七、拉贝奥

  1.《十二表法评注》

  2.《外事裁判官告示评注》

  3.《内事裁判官告示评注》

  4.《书信集》

  5.《论点集·由保罗所作的摘录》8 卷

  6.《解答集》

十八、雷流斯·菲立克斯

  1.《昆图斯·穆丘斯评注》

十九、梅西安

  1.《遗产信托问题集》16 卷

  2.《论公诉》14 卷

  3.《论罗得法》

附录三 未被《学说汇纂》引用的古代作者及作品目录

3. *De lege Rhodia*

XX. Manilius

  1. *Actionum*, libri

XXI. Marcellus

  1. *Notae ad Iulianum et Pomponium*

  2. *De officio consulis*

  3. *De officio praesidis*

  4. *De publicis iudiciis*

XXII. Marcianus

  1. *Digesta*

  2. *Ad formulam Hypothecariam*, libro singulari

  3. *Notae ad Papiniani de adulteriis libros*

  4. *Ad SC. Turpillianum*, libro sigulari

XXIII. Mauricianus

  1. *Notae ad Iuliani digesta*

XXIV. Modestinus

  1. *Ad Q. Mucium*

XXV. Quintus Mucius Scaevola

  1. *De iure civili*, libri XVIII

XXVI. Neratius Priscus

  1. *Epistularum*, libri

  2. *De nuptiis*, libro singulari

  3. *Ex Plautio*, libri

XXVII. Nerva（filius）

  1. *De usucapionibus*, libri

二十、曼尼流斯 [1]

  1.《诉权》

二十一、马尔切勒

  1.《尤里安和彭波尼的作品注解》

  2.《论执政官的义务》

  3.《论总督的义务》

  4.《论公诉》

二十二、马尔西安

  1.《学说汇纂》

  2.《抵押诉讼程式评注》单卷本

  3.《帕比尼安关于通奸的作品注解》

  4.《图尔皮流斯元老院评注》单卷本

二十三、毛里奇安努斯

  1.《尤里安的〈学说汇纂〉注解》

二十四、莫德斯丁

  1.《昆图斯·穆丘斯评注》

二十五、昆图斯·穆丘斯·谢沃拉

  1.《论市民法》18 卷

二十六、内拉蒂·普利斯库斯

  1.《书信集》

  2.《论婚姻》单卷本

  3.《普劳提评注》

二十七、内尔瓦（儿子）

  1.《论取得时效》

---

[1]　此人是公元前 149 年的执政官。

附录三 未被《学说汇纂》引用的古代作者及作品目录

XXVIII. Ofilius

1. *Actionum*, libri

2. *Ad edicta praetoris et aedilium curulium*

3. *Iuris partiti*, libri

4. *De legibus* (*ad Atticum*), libri XX

5. *Responsorum*

XXIX. Papirius Fronto

1. *Responsa*

XXX. Paulus

1. *De adsignatione libertorum*, libro singlari

2. *De articulis liberalis causae*, libro singulari

3. *De conceptione formularum*, libro singulari

4. *De dotis repetitione*, libro singulari

5. Περὶ δυσαποσπάστων

6. *Epitomae Alfeni digestorum*

7. *Epitomae Labeonis* Πιθανόν

8. *De forma testament*, libro singulari

9. *Imperialium sententiarum in cognitionibus prolatarum*, VI libri

二十八、奥菲流斯

1.《诉权》

2.《裁判官告示和营造官告示评注》

3.《法的分部》

4.《论法律（致阿提卡人 [①]）》20卷

5.《解答集》

二十九、帕比流斯·福隆多

1.《解答集》

三十、保罗

1.《论解放自由人的分派》单卷本

2.《论自由权案件的关键》单卷本

3.《论程式的概念》单卷本

4.《论重复给予的嫁资》单卷本

5.《论难以区分》[②]

6.《阿尔芬努斯的〈学说汇纂〉摘要》

7.《拉贝奥的〈论点集〉摘录》[③]

8.《论遗嘱的形式》单卷本

9.《皇帝对延期审理的意见》6卷

10.《论侵辱》单卷本

---

① 安托钮·瓜里诺认为，本书中，被谈论的作品可能是写给阿提卡人的。阿提卡人是雅典人的别称，罗马人用来指称特别爱好希腊文化者。

② 书名为古希腊文：Περὶ δυσαποσπάστων。

③ 此书同时出现在拉贝奥和保罗的作品清单中。我们已经知道此书的篇幅至少有8卷。

10. *De iniuriis*, libro singulari

11. *De instrumenti siginficatione*, libri singulari

12. *De iure singulari*, libro singulari

13. *De iurisdictione tutelari (ed. II)*, libri

14. *Ad legem Fufiam Caniniam*, libro sigulari

15. *Ad legem Vellaeam*, libro sigulari

16. *De libertatibus dandi*, libro sigulari

17. *Notae ad Iavolenum, Iulianum, Labeonem, Papinianum, Svaevolam*

18. *De officio adsessorum*, libro sigulari

19. *Ad SC. Claudianum*, libro sigulari

20. *Ad SC. Turpillianum*, libro sigulari

21. *Sententiarum ad filium*, V libri

22. *Variarum lectionum*, libro singulari

XXXI. Pedius

1. *Ad edictum*, libri

2. *De stipulationibus*, libri

XXXII. Pomonius

1. *Ad edictum*, LXXIX libr

2. *Epistularum et variorum lectio-*

11.《论集合从物的含义》单卷本

12.《论特别法》单卷本

13.《论监护管辖权》（第二版）

14.《富菲尤斯和卡尼纽斯法评注》单卷本

15.《韦勒乌斯法评注》单卷本

16.《论授予自由权》单卷本

17.《雅沃伦、尤里安、拉贝奥、帕比尼安、谢沃拉的作品注解》

18.《论陪席法官的义务》单卷本

19.《克劳丢斯元老院决议评注》单卷本

20.《图尔皮流斯元老院决议评注》单卷本

21.《给儿子的格言》5 卷

22.《各种课文》单卷本

三十一、佩丢斯

1.《告示评注》

2.《论要式口约》

三十二、彭波尼

1.《告示评注》79 卷 ①

2.《书信集和各种课文》20 卷

---

① 此书的卷数乃根据：何勤华，《西方法学史》，中国政法大学出版社 1996 年版，第 46 页。

num, XX libri

3. *Notae ad Aristonis digesta*

4. *De stipulationibus,* libri

5. *Variarum Lectionum,* libri

XXXIII. Proculus

  1. *Ex posterioribus Labeonis,* libri

  2. *Notae ad Labeonem*

XXXIV. Puteolanus

  1. *Adsessoriorum,* libri

XXXV. Masurius Sabinus

  1. *Ad edictum praetoris urbani,* libri

  2. *De furtis,* libro singulari

  3. *Memorialium,* libri

  4. De office adsessorum, libro sigulari

  5. *Responsorum,* libri

  6. *Ad Vitellium,* libri

XXXVI. Quintus Cervidius Scaevola

  1. *Regularum,* libro sigulari

XXXVII. Servius Sulpicius

  1. *De dotibus,* libro singulari

  2. *Ad edictum (ad Brutum),* II libri

  3. *Reprehensa Scaevola capita*

  4. *De sacris detestandis*

XXXVIII. Trebatius

  1. *De religionibus,* libri

XXXIX. Tryphoninus

  1. *Notae ad Scaevolam*

XL. Ulpianus

  1. *Digestorum,* libri

  2. *De excusationibus,* libro singulari

3.《阿里斯托的〈学说汇纂〉注解》

4.《论要式口约》

5.《各种课文》

三十三、普罗库鲁斯

  1.《拉贝奥的遗作摘抄》

  2.《拉贝奥的作品注解》

三十四、普特奥拉努斯

  1.《陪席法官》

三十五、马苏流斯·萨宾

  1.《内事裁判官告示评注》

  2.《论盗窃》单卷本

  3.《备忘录》

  4.《论陪席法官的义务》单卷本

  5.《解答集》

  6.《韦德里评注》

三十六、昆图斯·切尔维丢斯·谢沃拉

  1.《规则集》单卷本

三十七、塞尔维尤斯·苏尔毕求斯

  1.《论嫁资》单卷本

  2.《告示评注（致布鲁图）》2 卷

  3.《对谢沃拉观点的批驳》

  4.《论放弃家祭》

三十八、特雷巴丘斯

  1.《论安魂》

三十九、特里芬尼努斯

  1.《谢沃拉的作品注解》

四十、乌尔比安

  1.《学说汇纂》

  2.《论监护的豁免》单卷本

3. *Ad legem Aeliam Sentiam*, Ⅳ libri

4. *Ad legen Iuliam de adulteriis*, Ⅴ libri

5. Notae ad Marcelli digesta et Papiniani responsa

6. *De officio consularium*, libro singulari

XLI. Valens

1. *Actionum*, libri

XLII. Venuleius Saturninus

1. *Disputationum*, libri

2. *Ad edictum*, libri

3.《艾流斯和森求斯法评注》4卷

4.《关于通奸的优流斯法评注》5卷

5.《马尔切勒的〈学说汇纂〉和帕比尼安的〈解答集〉注解》

6.《论卸任执政官的义务》单卷本

四十一、瓦伦斯

1.《诉权》

四十二、魏鲁勒尤斯·萨杜尔尼努斯

1.《论断集》

2.《告示评注》

附录四

本书收录法言及其所处页码说明

初版译后记

我终于重做完了这本我在意大利翻译的第一本书,这一工作是在1998年的5月1日完成的,距离开始做这本书的1995年9月,整整过去了两年半有余。如此长的工作时间,证明了本书的难度。

这本书的特点是有几个附录。除了有优士丁尼《学说汇纂》总目录、《学说汇纂》所引用的古代作者及作品目录、未被《学说汇纂》引用的古代作者及作品目录外,还有照例的本书收录法言清单。根据斯奇巴尼教授的翻译计划,我们小组的最终任务是把《国法大全》全部译为中文,近期的任务是把《国法大全》中的《学说汇纂》译成中文,这一任务经我们小组的努力,已经完成八分之一。[①] 尽管如此,我感到已经到了让读者对《学说汇纂》一书的全貌有一个了解的时候,因此,我把《学说汇纂》的总目录译成了中文,读者在阅读我们翻译的各个分册的

---

① 这是1998年的数字。自2001年开始成卷翻译以来,50卷的《学说汇纂》已被翻译17卷。如果不考虑各卷篇幅大小不一的因素,例如,薛军翻译的第48卷就格外篇幅大,我们可以说,当下,我们留学意大利者已翻译并出版《学说汇纂》的17/50或34%。当然,这个数字不包括已经译出正在校对和出版过程中的卷,以及肖俊自行翻译未获得出版的第10卷。

时候，可以通过这一总目录，把各分册包含的法言与它们所由出的大的结构联系起来，感受各个部分之间的相互关系。这个附录的另一重要意义在于打破一个成说：人们通常认为《德国民法典》的体系由《学说汇纂》而来，就像《法国民法典》的体系从《法学阶梯》而来一样。通过阅读《学说汇纂》的总目录，把它与《德国民法典》的目录相比较，可以发现两者之间毫无关系。

事实上，《学说汇纂》的体系，按优士丁尼在其为颁布此书而发布的"如此"（Tanta）敕令中的说明，包括七个部分：第一部分为头编（第1—4卷），其中包括法的一般理论、法的渊源、人的身份、物的分类、执法官的职责、诉讼程序等内容；第二部分（第5—11卷）以审判为内容；第三部分（第12—19卷）以物为内容；第四部分（第20—27卷）被称为核心卷，主要以交易为内容；第五部分（第28—35卷）以遗嘱为内容；第六部分（第36—44卷）以继承为内容；第七部分（第45—50卷）以债为内容。这就是所谓的"《学说汇纂》体系"。而《德国民法典》的体系，众所周知，包括总则、债权、物权、亲属和继承五个部分，与上述体系没有什么类似之处，它是德国的潘得克吞学派在研究罗马法的过程中的再创造，它的许多材料，诚然自《学说汇纂》而来，但就体系而言，它不过是《法学阶梯》体系的一个变种。《法学阶梯》体系由人、物、诉讼三部分构成。诉讼的部分经过法国的学者和立法者的科学研究，已经独立于狭义上的市民法了，德国的立法者在制定自己的民法典时，并未舍弃法国人的这一进展。但是，人法与物法的基本结构，在《德国民法典》中完整地，却是变形地表现出来。根

初版译后记

据《德国民法典》的起草委员之一的伯纳德·温德沙伊德在其《潘得克吞教科书》中的说法,《德国民法典》中的总则是关于人法和物法的共同规定;物权法和债法,相当于罗马法中的物法;亲属法是人法中的身份法;继承法是人法和物法的交错。这样的说明,端的使我们对《德国民法典》的体系与《市民法大全》的各部分的关系豁然开朗,而不了解《学说汇纂》的基本结构,是难以获得这样的认识的。

就其性质而言,《学说汇纂》是罗马法学家的一种著作体例,相当于我们现在的综述性著作。在优士丁尼的《学说汇纂》产生之前,就我所知,在罗马法学史上,至少有过12种叫作《学说汇纂》或《潘得克吞》的著作,因此,《学说汇纂》的作者,不过是一个综述者,他的任务是把前人就法律问题所做的著述分门别类地总结归纳起来,引述是写作这种著作的必不可少的步骤。优士丁尼在组织编订其《学说汇纂》时,也遵循了写作这种体例的著作的一般模式。尤其令人注意的是,他在其《学说汇纂》的开头部分,专门设立了一个"本书所引古代作者及作品目录"说明他组织编订的这部书的资料来源。通过这一目录我们可以知道,《学说汇纂》共引用作者38人,作品189种。由于这个目录是有助于我们全面读解《学说汇纂》一书的重要资料,我把它也译成了中文。又由于优士丁尼的上述目录并不全面,我又根据意大利学者安托钮·瓜里诺的《罗马法原始文献解析》(*L'Esegesi delle fonti del diritto romano*)一书中的有关资料作了一个对优士丁尼的上述目录的补遗,以求全面反映罗马法学家的著述情况。优士丁尼的目录和我作的对这一目录的补遗,都被作为附录

收入本书。

阅读上述两个附录，我们会为乌尔比安和保罗的多产吃惊（如果要评职称的话，他们一个人评上十个教授也绰绰有余），恐怕我们最多产的青年法学家们，还得加倍努力，才能赶上或超过上述两位古罗马人。但如果他们仍用个人单干的方式做这样的努力，他们不会达到目标。因为早在古罗马时代，就有了学术上的分工，乌教授和保教授的许多著作是他们在课堂上的讲演，由学生整理成书的，多产由此而来。看来，我们的青年法学家们仍有待改进工作方法，要打破作坊式的小生产方式，实行横向联合，搞集团化经营、协作经营，才能争取让产量迈上新台阶。

上述两个附录中反映的罗马法学家的著述类型是值得重视的。它们收录的著作大致可分为四个种类。第一类为评注作品。此类又可分以下几类。一、市民法书，写了这种作品的仅有萨宾、卡修斯和布鲁图斯，这是一种体系性作品。在这三人的市民法书中，以萨宾的最有影响。萨宾是一位不曾为官的法学教育家、著述家，他的《市民法》是为教学目的编写的，这本书后来受到好几位法学家的评注，所谓的《萨宾评注》、萨宾的《市民法》评注是也。二、告示评注（包括裁判官告示评注、营造官告示评注和行省告示评注）。许多罗马法学家写作了这种体裁的著作，它的体例是夹述夹议记载告示的规定，用地方论（Topica）的方法寻找法律漏洞，并根据一定的价值取向限缩或扩张被评注的法律的适用范围，具有极浓烈的解释学特征。三、公法评注，主要有某某法律评注（例如《法尔其丢斯法》评注）、某某元老院评注等形式。四、对前人著作的评注，《萨宾评注》《普劳提评注》等属此，被评注的作品往往

经过了摘要处理，评注的作者许多是被评注者的学生，他们通过发挥或驳斥被评注的作品中的观点大大地扩充了后者，这类著作反映了市民法科学的经验性。第二类是决疑作品，严格意义上的这类作品是案例或问题的收集，每个案件都被提供解决方案，通过案例法推动研究的深入。这种方法就是"决疑法"。这类作品又可分为以下几类。一、解答集。它通常是根据裁判官的告示的体系编订的解答汇集，由学生根据老师的讲授编写。被解答的来自实际生活的案例都被做了概括，省略了当事人的姓名和其他多余的资料，结论通常扩展到对相似的情况的处理，通过从具体到抽象的过程，提炼出规则和原则。二、问题集或论断集。这是由法学家对由学生提出来的纯粹想象的而不是实际的案件作出的解答的汇集，它表现了另一种寻法活动。上述两类著作反映了法学的实务性——在古罗马，法学本是一门极为实用的科学。三、书信集。它是著名的法学家为了回答资浅法学家的提问而写给他们的信的汇集。四、学说汇纂。它是问题集和解答集的汇集，内容关系到全部有效的私法。它又分为两个部分：第一部分用于分析裁判官告示；第二部分用于分析告示以外的法律（如主要的法律和元老院决议等），但实质上，《学说汇纂》比决疑式的作品更加深入，因为它涉及私法科学的每一可能的论题；它也不同于评注类作品，因为后者仅限于提供被评注作品的事例的要点。《学说汇纂》把市民法和裁判官法整合为一个体系。第三类为专著，《论盗窃》《论嫁资》属此。专著被用来探讨法律科学的种种问题，以题目小和深度化研究为特色，但它的基本目的是实务性的，换言之，它为公众或特定的长官或官员提供特别的资料或就特定问题的深入论述。通常卷数少，有的仅有一卷（单卷本）；

有时是一部更广泛的著作的选录，由作者本人或他们的学生编写。

第四类为教学作品。阿德里亚努斯朝为罗马法学的成熟时期，这类作品大量产生，又可分为两类。其一为体系性教材或法学阶梯，它们卷数不多，如彭波尼的《教本》只有一卷或两卷。许多法学家写过法学阶梯，在本书的附录中，我们可以找到 6 种，其中盖尤斯的《法学阶梯》最为有名。法学阶梯最值得注意的是它论述问题的体系，它代表着法学研究通过教学实践达到的理性化安排。其二为基础文选。这类作品有规则集、定义集、意见集和区别集等，是一种为教学服务的补充材料，以加深学生对某些法律问题的认识。它们通常不是由法学家亲自编写，而是由其学生编写的。

上述四种法学著述类型仍为现代大陆法系的学者所遵循。它们彼此之间形成这样的关系：评注作品是对前人立法的整理和前人的法律经验的积累；决疑作品是对活生生的法律生活的开掘；专著是对法学制高点的攀登。实际上，《学说汇纂》是对上述三者的总汇集，它有实务经验和教学经验两个来源。它们共同构成法典编纂的最便利的素材。而教科书又是对上述三者的精华的进一步提取——当然，只有最精华的部分才能进教科书。比较优士丁尼《学说汇纂》和优士丁尼《法学阶梯》两书，前者 50 卷；后者 4 卷，篇幅比前者小 12.5 倍，内容却包罗前者的精华而无甚遗漏，的确又让人为编者的技巧吃惊。

总而言之，罗马法学家的著作体例与法典编纂的关系是极为密切的，前者为后者提供了良好的学术资源，后者是前者水到渠成的结果。法典编纂，原是建立在深厚的学术资源的基础上的。我们不难看出，中国的法学著作体例相较于古罗马的体例，缺少

初版译后记

了一些门类，例如根本没有对前人著作的评注，没有严格意义上的法律评注——非严格意义上的法律评注书多矣！但它们的共同特点是：你懂的地方作者拼命注释；你不懂的地方，作者也不懂，因此他也不作注释，而严格意义上的法律注释书，是要填补法律漏洞，并根据注释者的价值判断限缩或扩张法律的适用范围的。正因为这种状况，才产生了中国的民法法典编纂缺乏足够的学术资源基础的问题——尽管法学著作的数量像雨后春笋般地增长，学问也有增长，但与前一种增长不成比例。但愿我翻译的古罗马法学家的著作目录能使人们认识到些什么，由此对改变上述状况，能起到一定的积极作用。

徐国栋

1998 年 5 月 1 日

于中南政法学院民商法典研究所

图书在版编目(CIP)数据

拉汉对照优士丁尼国法大全选译.第1卷,法的一般规范.I/(意)桑德罗·斯奇巴尼选编;徐国栋译.—北京:商务印书馆,2023

(优士丁尼国法大全选译)

ISBN 978-7-100-22175-7

Ⅰ.①拉⋯ Ⅱ.①桑⋯ ②徐⋯ Ⅲ.①罗马法—研究 Ⅳ.①D904.1

中国国家版本馆 CIP 数据核字(2023)第 058062 号

拉汉对照
优士丁尼国法大全选译
第 1 卷
法的一般规范 Ⅰ
〔意〕桑德罗·斯奇巴尼 选编
徐国栋 译
〔意〕阿尔多·贝特鲁奇 朱赛佩·德拉奇纳 校

商 务 印 书 馆 出 版
(北京王府井大街36号 邮政编码100710)
商 务 印 书 馆 发 行
北京通州皇家印刷厂印刷
ISBN 978-7-100-22175-7

2023 年 6 月第 1 版 开本 850×1168 1/32
2023 年 6 月北京第 1 次印刷 印张 8¾
定价:56.00 元